ミダース王の審判

ヘンドリク＝ホルツイウス　作

ミダース王の審判　(銅版画　1590年)
ヘンドリク＝ホルツィウス（1558 － 1617）
国立西洋美術館蔵

画面の中央に弦楽器を手にしたアポロン。足元には不死鳥が見える。画面右端には山羊の足と角を持つパーンが笛を携えている。

その左にはミダース王がいるが、その耳はすでにロバの耳に変えられてしまっている。彼とアポロンの間には山の神トモロスが座す。樹木につかまり首尾を窺《うかが》うサテュロスたちの姿も見える。

さらに女神ミネルヴァや九人のムーサイ（ミューズ）もこの場に立ち会っている（女神たちは『転形譚《メタモルフォーセス》』には登場しない）。ムーサイのコスチュームは17世紀初頭に流行した宮廷衣装である。

ホルツィウスはオランダの重要な版画家。マニエリスムの作風。

ミダース王

・人と思想

西澤　龍生　著

181

CenturyBooks　清 水 書 院

はしがき

黄金のミダース王。願いの筋を一つ叶えて進ぜようとの神様《バッコス》の申し出に、欲の皮の突っ張ったこの王がつい、触れるものことごとくが黄金になりますようにと、お願いしてしまった。奇蹟が実現し狂喜したものの、食物に手を出すと、カチカチの黄金になってしまって食べられない。葡萄酒を飲もうとすると、そこにも黄金が溶けていて飲めはしない。腹は減り喉は渇いて、遂に音を上げ、魔法を解いてもらうため禊《みそ》ぎをする羽目となる。

ところが性懲《こ》りもないこの王様は、今度は歌くらべに余計な差し出口をして神様《アポロン》のお咎《とが》めを受け、ロバの耳を付けられてしまった。決まりわるいので隠そうとするのだが、秘密を知ってしまった理髪師のため、ばれてしまう。朧気《おぼろげ》ながらこんな筋が、読者の記憶の片隅にあるかもしれない。いずれもローマ帝政初期の詩人オヴィディウスが、その著『転形譚《メタモルフォーセス》』で伝えてくれるところである。

この王の逸話がわが国に迎えられたのは、いつであろうか。むろん開国以後の話。でもわが読者大衆の好尚に投ずるのは存外早くて、一九一一年（明治四四年）に神話学者高木敏雄《たかぎとしお》（一八七六—一九二二）が、「驢馬《ろば》の耳」と題する一連の説話随考をものしている。「昨日の世界」の出来事と言うべきだけれど、外国《とつくに》の物語ながら、今日我々に周知とさえなっているのは、ひたすらに、興味をそそるその話柄《わへい》のゆえか。

ここで一ついささか勝手な思い込みを、勝手と知りつつ挿《はさ》むことが許されるならば、ミダース王の愚かしい行状に思いを馳せる度、念頭に遥曳《ようえい》するのは、仏教における「六道《ろくどう》」の或る光景である。地獄その他迷界六趣のうちの一つ、餓鬼道は、下から二番目の悪趣で、その住人は、絶えず飢えと渇きに苦しみ、飲食物を口に近づけるとすべて炎となり、口に入れることができない。そのような中で輪廻を繰り返す、これはさながら、ミダース王のそれではないか。

わが「昨日の世界」の住人たる我らが祖先は、こうした仏教的背景を、少なくとも教養ないしはわきまえとしておそらく身に帯びていたからには、黄金の愚王の物語も、他山の石という以上の人生の妙諦として、単なる滑稽話にとどまるものではなかったに違いない。それなりの共感とともにこの話は、摂取され、消化されて、いつしか我々の一つの思想財とすらなっていたと思しいのである。

さてそれは、戦時を知らぬ若い世代にとり、依然として千古の意義を秘める鑑戒《かんかい》の物語でありつづけるか。

戦後のおりふしにつき、ここにことごとしくあげつらうことは控えるが、偶然にと言おうか、一〇〇年に一度とか喧伝《けんでん》される経済の危機に直面して、繁栄の迷夢《めいむ》も一夜にして醒《さ》めた我々にとり目《ま》のあたりとなったのは、ことにも米ソ冷戦構造崩壊のあと、資本主義なる悍馬《かんば》の暴走に身を委ねた末の殺伐たる「餓鬼道」の現実であった。この現実の脚下を照顧して、人間としての新たなる第一歩を印する勇気を、出藍の若人らにはたして奮い立たせることができるや否や。ミグースの悲喜劇が、「昨日の世界」における以上に、再び俎上《そじょう》にのぼせられねばならぬとする所以《ゆえん》である。

ハンガリーの哲人ルカーチ（一八八五―一九七一）が、いまだ社会主義に目覚めぬ富裕な頭取令息ながら新進劇評家・評論家として才筆を揮《ふる》っていた頃、恋人の女流画家が、頭でっかちで実人生には踏み切ろうとせぬこの口舌《くぜつ》の徒《と》に絶望して、結局ドナウへと身を投じた、その涙拭《ぬぐ》いあえぬ愁嘆のさ中、筆にしたのが、非公刊の抒情的物語『ミダース王の伝説』（一九一一）であった。

そこで語られるのは、三人の乙女たちとのいずれも実らなかった愛の経緯《いきさつ》であり、結末は糸杉のもとに横たわる王の屍《しかばね》に、白百合が握られている姿であった。ただし、干からびたそれが。人間としての新たなる第一歩は、この場合もむろん勝義の禊ぎであり浄化であって、純白であることこそがこの百合にはふさわしい。しかし実践が伴わぬとき、それは干からびて終わるほかないであろう。すべからく洞察《プルデンティア》と勇猛《フォルティトゥード》あいまつあのケイロンの、「神々しき怪物」にしてかつ「野獣なる地獄の怪物《ケンタウロス》」であった二律背反的な自己同一の秘鑰《ひやく》を、ブダペストのミダースには学びとっていてほしかったと思うのだけれども。

けだし、黄金愚王の場と言い、ロバの耳の段と言い――シレーノスらのサテュロスからパーン神らに及ぶ――ミダースの物語の二つの場面で通奏低音をなす山野の魔霊たちの世界は、なんと幽玄なる人生、否、歴史の秘奥を現代の我々に、また次代を切り拓く若人らにも開顕《かいけん》してくれているのであろうか。

本書は全一〇章に分かたれるが、序章で神話一般につきオルテガの『楽土論』にかこつけて論じたあと、黄金の愚王に関しては第一章から第三章まで、ロバの耳の話にまつわっては第四章から最後の第九章にいたる六つの章で関説することにしよう。

ミダース王の時代的背景は、前八・七世紀、ギリシア人の植民運動であり、折柄簇出《そうしゅつ》した初期僭《せん》主《しゅ》政の現象形態の一つとして、ミダース王の存在も考えられる。「黄金の愚王」の特質をそこに読み込むことが可能であり、第一章において、説話の輪郭および悔悛のテーマをめぐっての問題点を探ったあと、第二章ならびに第三章で、僭主の時代の史的風景を、寓話に託しつつ再現してみた。学問的には諸説並び立って、正攻法では歯の立つ論題ではない。そのため焦点がぼやけては何にもならないので、誇張とさえ評されるユアの極論をあえて掲げた。諒とされんことを。

「ロバの耳」の話に関しては、第四章で、『転形譚』に即して説話そのものへの導入を果たしたあと、第五章以下後半をまるまる費して、本書なりの多角的アプローチを試みた。いささか突飛《とっぴ》と目されかねぬのを恐れるが、音楽学の分野での泰斗の一人に、ボン大学教授マルティン＝フォーゲルなる異色の存在がある。この人に、音楽の誕生をロバ飼育文明圏の諸問題と関わらせつつ縦横に論じた野心作があって、これを著者なりの渡りに舟とした。浩翰《こうかん》なる二つの著書が繰り広げる音楽創世記は、ほとんど八方破れ。そこに見え隠れするミダース王の影は、本書の主題へ向け広角レンズを据《す》える、恰好《かっこう》の視座となった。最終章「戦争と平和」で、特に現下の人類史的パノラマにつなげ得たなら、著者として望外の冥利これに尽きるものである。

「人と思想シリーズ」で、神話・説話にまつわりつつ虚実の間を漂う存在を取り上げた、おそらくは第一号となるのが本書であろう。先例もなく、勝手知らぬままに筆を執《と》った本書は、せめても若い読者のため、平易ながら好奇心をそそるかたちでの読みものたるべく心がけたが、神話学をはじめ、関連諸領域についての己が用意と資格において万全を期し得たかにつき、ほとんど肯定的に答え得ぬことは、著者自身が誰より遺憾とするところである。後進にむしろこれを委ねる所以であるが、著者なりに試みたこの無謀なるアルゴー号の航海の涯《は》て、若い諸君ははたして、金羊の裘《かわごろも》の一端なりと手に入れることとなられるのであろうか。

凡例

一、底本をなすオヴィディウスの『転形譚』本文については、フランツ＝ベーマーの註釈に主に依拠した。

二、固有名詞の表記では、原則として長母音の使用を自制した。ただし、「ミダース」は表題であるため、「パーン」は汎《パン》と区別するため、原則に従わなかった。ほかにも長母音の紛れこんだところがあるが、主に語呂の関係である。主観的な判断であり、確乎《かっこ》たる基準があるわけではない。

三、ギリシア文などにカタカナでルビをふったが、母音の長短は必要に応じ明らかにした（「ミュートス」など）。εとη、oとωを区別し、ouをウーとする如し。ギリシア文字ϕはファ行で処理した。χはカ行、θはタ行をもってする。

四、ギリシア文字、ヘブライ文字、アラビア文字、キリール文字などは、一般向きにラテン文字で表記した。

五、総じてヴとブの区別は必ずしも統一していない（たとえばDāwīdを「ダビデ」とするごとき）。

六、ギリシア・ローマの古典作品や聖書諸篇についての略符号は、つとめて日本語でのそれに従う。

七、引用古典や聖書などの訳文はほとんど現行標準のものを利用したが、仮名を漢字にしたり、その逆の場合があったりする。驢馬《ろば》と騾馬《らば》は、ほぼすべてロバ・ラバとした。

八、フォーゲルの著書には、Eselmann（ロバ人、ロバ人間）なる用語が頻出する。ロバ追い、ロバ飼育者と別のものではないが、彼ら自身ロバの乳で育てられ、その飼育するロバと乳兄弟であるとする観念がある。一般には了解しにくいので、誤解を招く恐れがある場合は、なるべく「ロバ追い」に統一した。

九、ロバは小異を捨てて総称的に汎用した。ウマ類（Equus）の一種であり、調教されて乗用にも用いられる。ウマとの雑種にはラバ（牡ロバ×牝ウマ）やケッティ（牡馬×牝ロバ）があり、また、インドから近東にかけて野生の半ロバ（Onager, Halbesel）なるロバ風ウマ類があった。ただし本書では動物学的なことには深入りしない。

一〇、便宜上、ギリシア名とローマ（ラテン）名など、複数の名称で示した神々について、対照表を付す。

ギリシア	ローマ他
アレス	マルス
クロノス	サトゥルヌス
ゼウス	ユピテル
ディオニュソス	バッコス（リュディア語から？）
パーン	ファウヌス？
ヘルメス	メルクリウス

一一、図版は主にフォーゲルの著書 *Chiron, der Kentaur mit der Kithara* からとった。

目　次

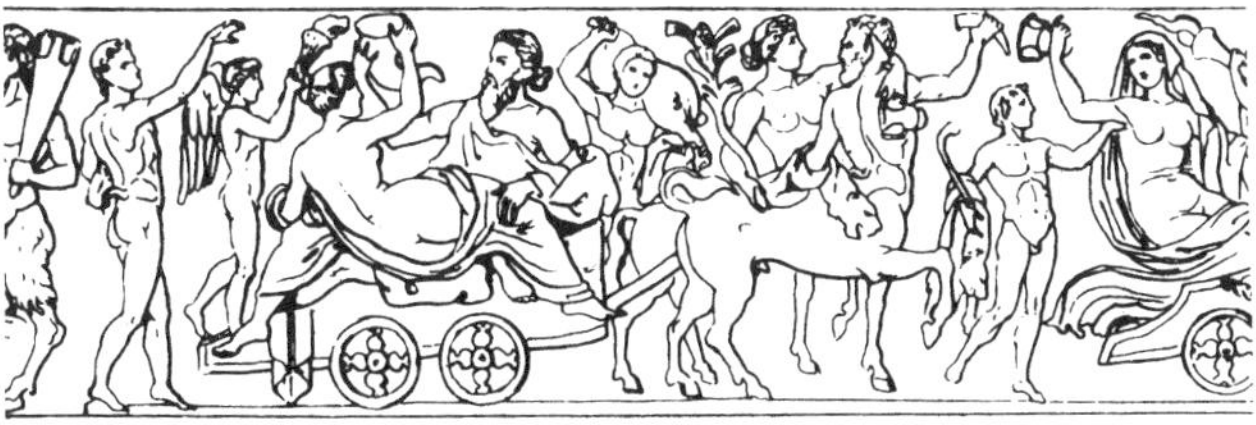

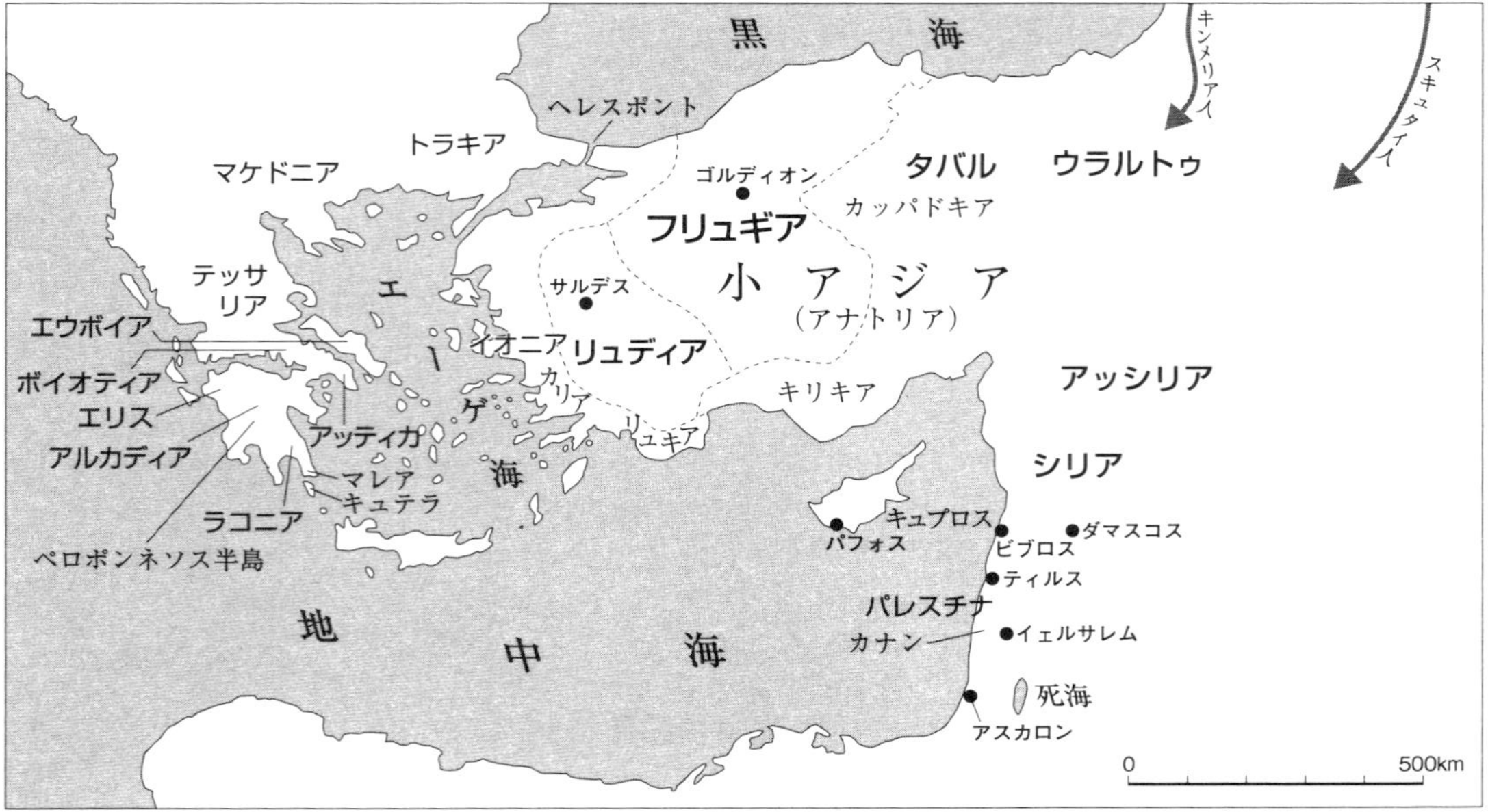

『ミダース王』関連地図(1)　地中海周辺の諸地方と前7世紀ごろのフリュギア・リュディアの領土

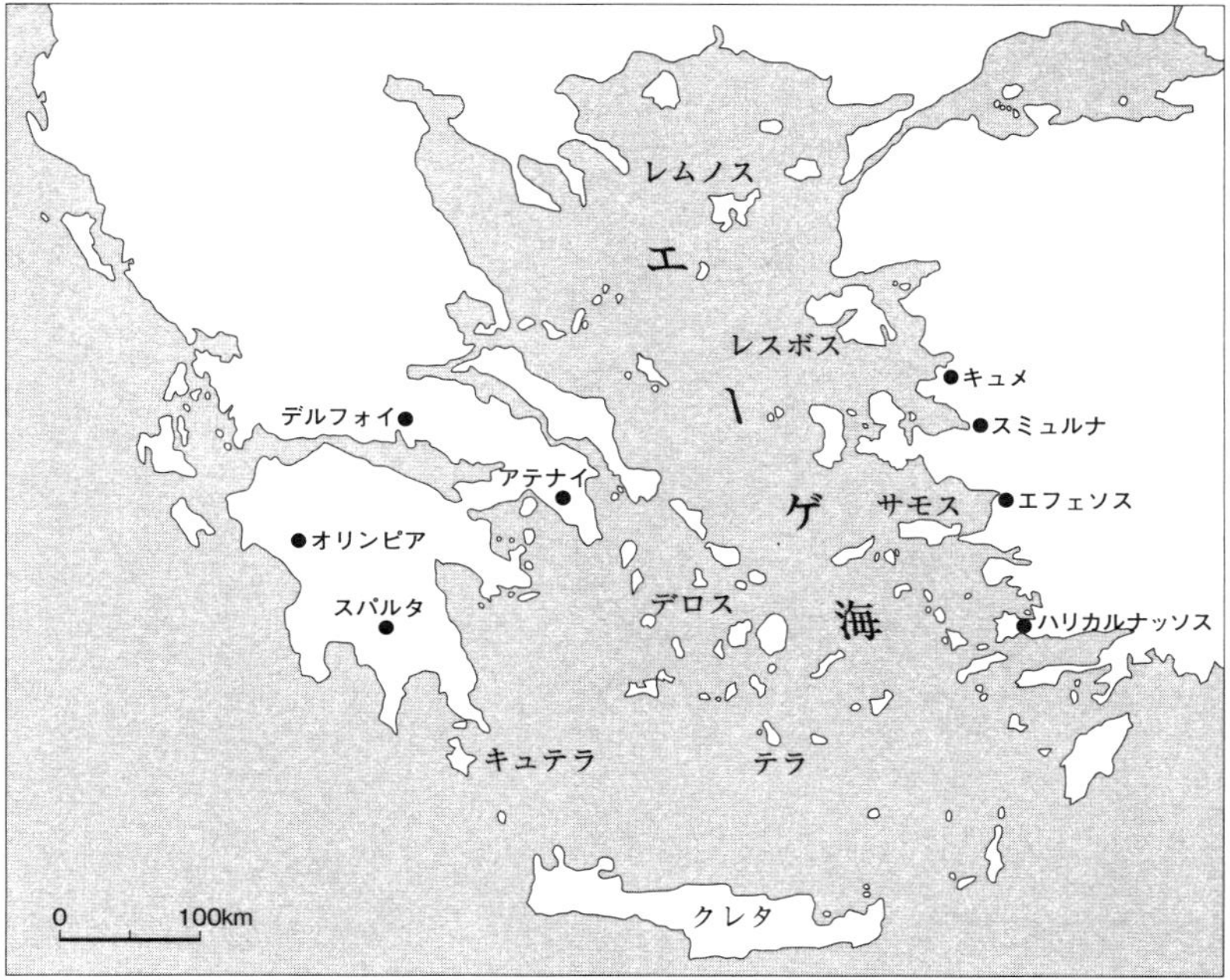

『ミダース三』関連地図(2)
ギリシアおよび小アジア
西岸の都市

0
3000km
ギリシア
黒海
コーカサス
カスピ海
イベリア半島
カディス
地中海
小アジア
（アナトリア）
パレスチナ
メソポタミア
ジブラルタル海峡
イラン
シナイ半島
エジプト
アラビア半島
紅海
インド
アフリカ
イエメン
アデン
アラビア海
インド洋

『ミダース王』関連
地図(3)

スこそが、アトランティスの残影をとどめる苔むす老大国だったのだと主張する[1]のであるが、これに対し哲人としては、「シュルテンの労作の価値を判定するなど……到底なしうるところではないであろう」。

むしろ興味を寄せるのは、現代のヨーロッパが「秘かな心の底では、アトランティスへの船出の用意をととのえようとしていること、現在から遁れ、何処だかよくわからないが――遠いところへ、深海の底へ、無人の境へと避難しようとしている」ことであった。西欧近代の自明な世界が、それへの埋没を拒み、かえってこれを裏返した反世界に憧れる深層心理を胚胎させていたということであり、その機微を、哲学者の鋭敏な感性が見事に捉えたということである。

今、本書において、古代地中海の神話世界に不思議な彩りを添えるミダース王の物語に脚光を浴びせようと試みるにあたり、アトランティスといういささか大仰な舞台装置を持ち出したのは、オルテガが捉えた時代の精神状況をここに象徴させようとしたからにほかならない。

当然ながら神話学がその主たる背景となってくるが、しからば二〇世紀に育まれた我々の神話論は、いかなる方法的パラダイムの上に立脚していたとすべきであろうか。

一九世紀と二〇世紀の神話学

が、その前に、比較の対象として、一九世紀のそれに一言しなければならぬであろう。というよりも、それは神話学の歴史における第一幕と称してもよかったのだが、地理上の発見が、いわゆる大航海時代に旧世界からの解放として集中的に実現されたように、一八世紀末から一九世紀前半にかけてのロマン主義の時代には、前代の理性《レーゾン》の桎梏《しっこく》からの解放としてと言うべきか、集中的な「民話の発見」があり、とりわけてもそれはグリム兄弟に極まる。

かかる先駆の上に、一九世紀型の神話学は、比較言語学者マックス＝ミュラー（一八二三―一九〇〇）の自然神話学派を生み、E・B・タイラー卿（一八三二―一九一七）を経てさらにJ・G・フレイザー卿（一八五四―一九四一）の『金枝篇《ゴールデン・バウ》』（一八九〇―一九三六）へと巨歩をすすめることになる。「殺される神」という卿のテーマは、衰弱した王を殺して再生を図るという王殺しの主題と連なり、社会人類学の勝利のファンファーレとなったのだけれど、その彼にして、神話は呪術・宗教・科学とすすむ人間進化の三段階の初源の階梯、呪術的儀式を説き明かすものと見たのである。その上で、神の化身が人々を罪から救うために死し、やがて復活するという宗教の原型も生ずるであろう。

引きつづく二〇世紀型の神話学の巨人たちをここで列伝風に辿《たど》ることは、差し控えることとしたい。何か雲を掴《つか》むところのある神話の学それ自体、アプローチはまちまちであって、それら大家であればあるほど、異なる学問分野との間で影響関係は錯綜している。故なく単純化したそれぞれの特徴の列挙だけでは意味がないのだ。

むしろ問題は、それまではわが世の春だった西欧的文化独占が、「西洋の没落」という青天の霹《へき》靂《れき》に見舞われる世紀を迎えて、西欧の外にもまた自己主張の座を許すことになったこと、どころかフロイトによる「無意識」の発見があって、すると神話も過去の非合理な遺物ではなくて、人類に普遍的で、過去・現在・未来には関わらぬ、無意識から説明し得るものになったということである。もとより諸体系の千態万様の、これは最大公約数というものですらない。時代の前提条件が一つ変わったというに過ぎない。

それゆえ、たとえばルーマニア生まれの宗教学者エリアーデ（一九〇七―一九八六）のように、神話を、本質的に起源を語ることで存在の根拠を示し、不安を解消するものとする神話観も、歴史的にしてかつ無歴史的普遍的な視点と言っていいのだ。

すると、現代の神話学が歴史と無歴史のかかる戯《たわむ》れを通じて辿りついた境地を、我々のテーマにも即しつつ、どのように自覚すべきか。

さて二〇世紀も乗り越え、神話とそれの解釈をめぐり、ここではミュートス（神話）からロゴス（理性）へという、おなじみの公式があることに留意しよう。

ミュートスとロゴス

神話《ミュートス》（Mythos）とは、それを「神聖なる単純」として、人間の「原始的愚鈍」に帰す説明がまかり通ったわけだけれども、そこに《myein（口を閉じ目を閉じる）》なる神秘的な語が埋め込まれているという語源解は、必ずしも鵜呑《うの》みにせぬ方がいいらしい。
むしろ語根《ごこん》《meuth》にこそ由来を求むべきであり、これがゴート語では《maudjan（記憶、回想）》となり、ロシア語の《mysl'（思想）》とも類縁が辿れるとすれば、ミュートスとは本来かえって思考をおそらく意味して、その上で初めて口から発した「ことば」のことになると説かれたりする。

答は保留するにしくはないが、そう言えば、逆に論理《ロゴス》（logos）の方が、語源となる動詞《legein（語る）》からすれば予想を裏切り、その原義は「集める、拾い上げる」、さらには「数える」である。前綴《まえつづり》kata-を伴うkatalegeinでようやく「物語る」の語義に達するに過ぎない。その限りではたしかに「論理」とも関連がなくはないが、そこから出てくる「ロゴス」の原意は、ホメロス（前八世紀頃）におけるわずか二例でも、ヘシオドス（前八世紀末頃）とか讃歌作者における例でも、「策略、欺瞞《ぎまん》、ごまかし」といった非難の意味合いを含むものなのだ。

打算的な抜け目なさとして、ロゴスはむしろ白眼視されていたことになる。意外であるが、ヘロドトスの先輩だから「歴史の祖父」とでも言おうか、ミレトスのヘカタイオス（前五五〇頃―前四七五頃）が、自ら重きをおく「語り」は《mytheisthai《ミュテイスタイ》》と称する一方で、相手の側のそれは《logoi《ロゴイ》》として笑いものにしている例があって、これなど這般《しゃはん》の事情を如実に物語っていると言えよう。

ヘカタイオスの例は前五〇〇年頃のものであるが、ミュートスとロゴスに関する現在の通念をほぼ裏返すようなこのさかしまの原風景に対し、それを逆転させる地すべりがその前後に生じた模様である。世代的に踵を接する詩匠ピンダロス（前六―前五世紀）では、「口許《ばかり》巧みな作り話《ミュートス》」が、「真実のことば《アレーテース・ロゴス》」のたぶん反措定《はんそてい》として、すでに持ち出されているからである。

もっともどんでん返しが一挙に起きたわけではなくて、新時代のロゴスを贔屓《ひいき》する側だった筈《はず》の悲劇詩人エウリピデス（前四八四頃―前四〇六頃）にしてなお、「真実《アレーティア》のミュートス」などという台詞《せりふ》を前五世紀の末にも近くなって相変わらず洩《も》らしているのだ（新時代の負の側面を慨嘆もしつつ）。

話がだいぶ込み入ってきた。整理しよう。一言で言えば、ミュートスとロゴスという対立軸は、それを我々の自明とされる通念に従って、非論理から論理へという発展の図式に当てはめるなど、とんでもないのだ。話は逆であって、そもそも発展の図式が成り立たない。

少なくとも神話《ミュートス》は、それが文字通り「神話」として「語られるもの《レゴメノン》（legomenon）」である限りにおいては、最初から混沌や単なる神秘ではなく、これもまた一つのロゴスと言ってよかったであろう。たしかに神々についての物語ではある。だがこれを語る人はそのことにより、何らかの力能を神々から得ようとしていたに違いないのだ。

神々に話しかけ、神々を動かして、何らかの働きを人間に及ぼさせようとしていたのだということである。神々の物語におおむねは儀礼が随伴する理由も、その辺にあることは疑い得まい。けだし司祭の口誦《こうしょう》する神々のたたずまいは、同時に神祭りの供犠《くぎ》や、歌い舞う所作において実修されなくてはならなかった。つまり語られる「レゴメノン」が、為され行われる「ドローメノン」と相即するところに祭儀はあって、神話も、神々の霊能に対する働きかけであって、単なるレゴメノンではない。

神話がそれ自らに一つの「語り《ロゴス》」を持つことは先に述べたが、そのロゴスは、むろんいわゆる論理ではもとよりなくて、超論理とこそすべきであった。論理的なロゴスに対し、ミュートス的なロゴスがこうして考えられるわけである。

哲学における　ミュートスとロゴス　ところが前述の通り、前五〇〇年の頃からギリシア人の意識に、ある地殻変動が起こってくる。超論理的なミュートスの世界に、ものを「数え、集め《レゲイン》」つつ判別し思弁する知的なある底流が、前五世紀の長い準備期間を経てその世紀の後半には、ソフィストたちの若きロゴスとして表面化するにいたったのである。

人間を担い手とする「精神の発見」が語られ得る状況となったのであり、プロタゴラス（前四九〇頃—前四二〇頃）のいわゆる「万物の尺度」たる人間を中心に一切が回りつつ、次第と理性的なもの、有利なもの、実際的なものへとすべてが差し向けられる趨勢《すうせい》となる。

ミュートスを乗り超えたロゴスという、今日にまで尾を引く理論理性の戦勝記念碑がそこに打ち据《す》えられた観があるが、そのことによりかえって失われたものの大きさに、あるいは精神の形骸化に、どうして人々は気づかずに済ませられよう。ソフィスト的啓蒙の渦の中から、かくして姿を現した者こそは、周知のように、ソクラテス（前四七〇／四六九―前三九九）とその弟子プラトン（前四二七―前三四七）だったのである。

ソクラテスとは何者か。その正体を窺《うかが》わせる恰好《かっこう》の切り口として、プラトンの『パイドン』を取り上げてみよう。この対話篇は、ソクラテス刑死の日の早朝から別れを告げに来た弟子たちと哲人が、日暮れまで交わした魂の不死をめぐる哲学的対話という設定なのだが、魂の不死不滅の論証に生命を賭したこの人は、言論《ロゴス》の世界の不退転の戦士でありつつ、同時に論理を拒否する非合理な力もあって、これに己が規定されていることをよく心得ていた。ダイモーン（神霊）の声の内なる否定命令が、彼にはしばしば現れていたからである。

神の言《ロゴス》と人間の言論《ロゴス》とが、厳然たる否定により隔絶することを知る敬虔なその人は、神のみを唯一の知者《ソポス》とし、自らは「無知の知《グノーティーセアウトン》」の自覚をもって、もっぱら「愛知《フィロソフィア》」の営みに従事してきた。言論《ロゴス》が言論《ロゴス》を超えるものに開かれることにおいて、そこには高貴なる自由がある。だから魂不死の論証に当たっても、論証が託されたのは、ロゴスよりも、人それぞれのダイモーンをめぐっての一つのミュートスだったのである。

今ひとつ例を挙げよう。この度は『パイドロス』からである。神話の言い伝えにつき、これを事実と信じているのか打ち明けてほしいと求められて、哲人は以下のように答える。「そのようなことにかかずらうのはきっぱりと止め、それについては一般に認められているところをそのまま信ずることに」すると。

肝腎な事柄についてまだ無知なのだから、無知の知の探究以外は笑止千万だというわけである。古い伝説を信じなかったり、それを恣意的に変形し再解釈することで神話を合理化するソフィスト流は、たしかに「当節の風潮に合う」所以《ゆえん》であるが、和して同ぜぬソクラテスの生きざまは、彼らとは次元を異にするものだったと言わなくてはならぬであろう。

そしてそのような対話篇を筆にするプラトン本人について言えば、アテナイの旧《ふる》き名家を出自とするこの人物は、もともとミュートスの伝統的な遺風を生まれながら体《てい》していた。自身神話誌家の最たる者ともなり得た豊かな想像力の持ち主だったし、理想国家からの詩人の追放を説いたりするにもかかわらず、彼その人が哲学史上最大の詩人と称されてもよかったのである。

その彼が、師の哲理を政治生活の領域へと新たに移し入れようとするとき、神話の公然たる敵対者とならざるを得なかったにしても、それを説くのに用いたのは、いわばミュートスを吹き込まれたロゴスなのであって、ミュートスは高次のロゴスにおいて逆説的に名誉回復を遂げていたのだと言うことができる。ソフィスト的な問題構制を、遙かしりえに引き離していることは言うまでもない。

に、どうして人々は気づかずに済ませられよう。ソフィスト的啓蒙の渦の中から、かくして姿を現した者こそは、周知のように、ソクラテス（前四七〇／四六九—前三九九）とその弟子プラトン（前四二七—前三四七）だったのである。

ソクラテスとは何者か。その正体を窺《うかが》わせる恰好《かっこう》の切り口として、プラトンの『パイドン』を取り上げてみよう。この対話篇は、ソクラテス刑死の日の早朝から別れを告げに来た弟子たちと哲人が、日暮れまで交わした魂の不死をめぐる哲学的対話という設定なのだが、魂の不死不滅の論証に生命を賭したこの人は、言論《ロゴス》の世界の不退転の戦士でありつつ、同時に論理を拒否する非合理な力もあって、これに己が規定されていることをよく心得ていた。ダイモーン（神霊）の声の内なる否定命令が、彼にはしばしば現れていたからである。

神の言《ロゴス》と人間の言論《ロゴス》とが、厳然たる否定により隔絶することを知る敬虔なその人は、神のみを唯一の知者《ソポス》とし、自らは「無知の知《グノーティ・セアウトン》」の自覚をもって、もっぱら「愛知《フィロソフィア》」の営みに従事してきた。言論《ロゴス》が言論《ロゴス》を超えるものに開かれることにおいて、そこには高貴なる自由がある。だから魂不死の論証に当たっても、論証が託されたのは、ロゴスよりも、人それぞれのダイモーンをめぐっての一つのミュートスだったのである。

今ひとつ例を挙げよう。この度は『パイドロス』からである。神話の言い伝えにつき、これを事実と信じているのか打ち明けてほしいと求められて、哲人は以下のように答える。「そのようなことにかかずらうのはきっぱりと止め、それについては一般に認められているところをそのまま信ずることに」すると。

肝腎な事柄についてまだ無知なのだから、無知の知の探究以外は笑止千万だというわけである。古い伝説を信じなかったり、それを恣意的に変形し再解釈することで神話を合理化するソフィスト流は、たしかに「当節の風潮に合う」所以《ゆえん》であるが、和して同ぜぬソクラテスの生きざまは、彼らとは次元を異にするものだったと言わなくてはならぬであろう。

そしてそのような対話篇を筆にするプラトン本人について言えば、アテナイの旧《ふる》き名家を出自とするこの人物は、もともとミュートスの伝統的な遺風を生まれながら体《てい》していた。自身神話誌家の最たる者ともなり得た豊かな想像力の持ち主だったたし、理想国家からの詩人の追放を説いたりするにもかかわらず、彼その人が哲学史上最大の詩人と称されてもよかったのである。

その彼が、師の哲理を政治生活の領域へと新たに移し入れようとするとき、神話の公然たる敵対者とならざるを得なかったにしても、それを説くのに用いたのは、いわばミュートスを吹き込まれたロゴスなのであって、ミュートスは高次のロゴスにおいて逆説的に名誉回復を遂げていたのだと言うことができる。ソフィスト的な問題構制を、遙かしりえに引き離していることは言うまでもない。

序章　歴史と神々の物語

西欧人の自己超克の夢

蒼古、大西洋のただ中にあったと言われる失われし大陸、海中に没し去ったまま影もとどめぬ、神秘のアトランティス。不可知のそんな謎をめぐって、不可知と知りつつ現代の我々が、謎解きへの誘惑から遁《のが》れられぬのは、なぜであろうか。

浮かんでは消えるアトランティス論議。たしかに、それは流行には違いない。そして学問の殿堂、否、堅城に立てこもる専門家は、いずれもまともに取り合おうとはしない。彼らにとり、はなから流行とは浅薄であり、恣意《しい》の地帯へと放逐するほかないものだからである。

が、流行を浅薄皮相なりとするその立論自体、かえって嫌悪者の浅薄さを暴露することになりはしないか。流行とても、精神生活の一次元として、爾余《じょ》の歴史諸事象を支配するあれこれと比べ勝るとも劣らぬ、厳格な法則に従って展開するものと見えるからである。流行の気まぐれを嫌悪するのは間違いであって、むしろある時代の内懐《うちふところ》にもぐり込むための恰好《かっこう》の指標となるのが、そうした流行のありようであろう。

スペインの哲人オルテガ＝イ＝ガセー（一八八三―一九九五）に、『楽土論』（*Las Atlantidas*, 一九二四）

なる比較的若書きの小篇がある。第一次世界大戦後、ヨーロッパが重大な精神的自信喪失に陥った時点で、ドイツの哲学者シュペングラー（一八八〇―一九三六）の『西洋の没落《デア-ウンターガンク-デス-アーベントランデス》』と踵《きびす》を接して世に問うたものの一つである。流行にまつわる論議は、その冒頭で繰り広げられたものである。折しも一九二二年、エジプトの砂の中から黄金のマスクを付けたツタンカーメンのミイラが姿を現したとき、その存在さえ未知だった少年王の王墓発見のニュースは、世を挙げての好奇心の渦を捲《ま》き起こしていた。

それは、思えばシュリーマンの鶴嘴《つるはし》が一八七〇年にトロイアの岩盤に振り下ろされて以来、深さの次元で成し遂げられた歴史的地平の途方もない拡張であったが、世を挙げての好奇心の動員は、決して偶然の悪戯《いたずら》ではない。この間さまざまな感受性の切り口を刻み込まれたヨーロッパ人が、発掘なる魔術的行事により、千古の昔に種蒔《ま》かれた人類文化の収穫すべてを刈り入れ得る「農耕」の形式を、暗々裡《り》に身に付けた上でのことだったのである。

失われし地平へのあの憧憬《しょうけい》にこそ、涯《は》てしもない未来への可能性があるとするとき、オルテガがそこに見定める西欧人における自己超克への夢とは、いったいどのようなものであったか。

『楽土論』では、アトランティスそのものを正面きって問題とするのではない。学としてのこの主題に関しては、A・E・シュルテン博士の『タルテッソス　西欧最古史に寄せて』を取り上げるに過ぎない。シュルテンは悠遠の昔、現在はスペインのアンダルシアにあったとされるタルテッソ

歴史学における　ミュートスとロゴス　ところで以上のような事柄の布置において、「歴史」はどこに位置づけられるのであろうか。

そこでまず「歴史《ヒストリア》」、動詞にして《historein》の意味であるが、実は「探究する」とか、また何かを「知る」、知ったところを「物語る」といった意味までをも含んでいる。つまり今日では自明とされる、枠にはまって固定した実在的なものというよりは、もっと動詞的に解される、幅の広い、ゆったりとした世界、人為とともに自然をも込めて、ただ起こったところを公平に探究し、物語っていくという、自在かつヴィヴィッドな境地にほかならなかった。

いずれも歴史《ヒストリア》の複数形「ヒストリアイ」を書名に掲げるヘロドトス（前四八四頃―前四二〇頃）とツキュディデス（前四六〇頃―前四〇〇頃）とは、これをもってそれぞれ何を言わんとしたのか。容易ではないかかる問いに対し、差し当たりわかりやすい指標として、《historein》を支える大まかな二つの支柱、《opsis（目撃）》と《akoē（伝聞）》を判断の基準に取り上げてみよう。

要するに「目撃」と「伝聞」を歴史家の認識の主たる源泉と見なすわけだけれども、たとえばヘロドトスの『歴史《ヒストリアイ》』における第二巻、エジプト誌の記述のところで、「ここまで語ってきたのは、つまり自分の眼で見たこと《オプシス》《gnōmē（見解）》と《historiē（調査したところ）》なのだが、これからあとは、エジプトの話を、人から聞いた《アコエー》ところに従って言おうとしているわけである。ただし、それらに自分が目で見たところもまたつけ加わることであろう」と言っている。

その折、《opsis》と《akoē》など認識の諸源泉を一応区別しながらも、区別が直ちに価値の序列を意味するわけではない。言ってみれば、区別よりむしろ、それらの並存にこそ重要な意味があるのであって、そのありようは、総じてある出来事を述べる際、彼が証言をいくつか並べて、しばしば結論を保留している態度と通ずる。たとい信憑性には乏しくとも、話されていることは、とにかくこれを話さなくてはならぬ――《opheilō legein ta legomena》（Ⅶ. 152）――とする彼の姿勢と実は同じことだと言えるのである。

だからヘロドトスの『歴史』全体の序文では、むろん東西が闘うにいたったペルシア戦争（前五〇〇―前四四九）の原因がとりわけ大事なテーマとされる旨を付言したその上で、その扱う対象として、「人間界の出来事」とか「偉大な驚嘆すべき事蹟」の数々とかいったものを挙げて、それらを研究調査《ヒストリアス-アポデークシス》したところがこれだと述べている。

ちなみに驚くべきこととされる「事蹟《エルガ》」が、決して目に見える（visible な）それに限らず、それを超えるもの、invisible な世界にも足を踏み入れたものであり得ることは、たとえば「夢の目撃《オネイロスオプシス》(opsis oneirū)」といった用例群をかなりな頻度に徴するだけでも、十二分注目に値するのだ。

研究《ヒストリア》の所産が、所詮ロゴスにほかならないことは言うまでもないのだけれども、批評の拠点を残しつつ、ともあれ神聖の次元、童話めいた仮構などをも虚心に包摂しゆくその成果は、まさに先に説いたミュートス的なロゴスに帰着するものだったのではなかろうか。

駘蕩《たいとう》たるこの鷹揚《おうよう》さと比べるとき、同じく『ヒストリアイ』でもツキュディデスの『戦史《ヒストリアイ》』が与える印象は、黒白相反するかと思われるほど別様の趣がある。

もと地誌研究家だった「歴史の父《ヘロドトス》」が、往年の大世界旅行の途次アテナイにも逗留して、「ペルシア戦争史」の想を温めるにいたるのが前五世紀の半ばとすれば、一世代あとのツキュディデスが、同時代史としての「ペロポンネソス戦史」に取り組み完稿を目前にして世を去るのは、同じ世紀の最後の三分の一世紀に当たる。その間の世の移り変わりは、ペロポンネソス戦争（前四三一―前四〇四）という激震を曲がり角として、しかも古期ソフィストたちの活躍第一期とも重なり、前後で物の捉え方が変わらない筈はない。

かくして『戦史』第一巻には、「大昔のことがら、即ちそれを聴いている人達の直接の《opsis》よりも、そうした言い伝えの《akoē》を拠りどころとする大昔のことがらを、話したところで何になろう。それより、ペルシア戦争をはじめ、読者がじかに与《あずか》り知っておいでのことこそ、是非とも話さなければならないのだ」といったことが述べられているし、また別の箇所では、詩人とか《logographoi（伝承作者）》とかいうものに対して手厳しい非難を浴びせて容赦しない。ツキュディデスが、《opsis》に比べ《akoē》というものにほとんど信をおかなかったのは、紛れもないところなのである。

「それゆえ本書は物語めいていないので、恐らく聞いて余り面白くないと感じられるであろう」と断っているのが、古註にも言う通りヘロドトスへの当てこすりであるとすれば、つまりは『ヒストリアイ』の大先達を「神話作者《ミュートス》」の一味に追いやったということであって、自らは「一時の聴衆の喝采を争うためではなく、永遠の所有《クテーマ・エス・アイエイ》として書きまとめ」たのだと揚言するわけである。

ツキュディデスのクーデタと称しても過言ではないが、しからばペロポンネソス戦争緒戦の段階での作戦失敗の廉《かど》で、二〇年に及ぶ亡命生活を余儀なくさせられたこの軍事理論家が、同時代史との格闘のうちにやがて大歴史家へと成長してゆく、その歩みにおいてものされる歴史記述は、作り話めいたもの一切に対する、言わば鬼検事としてそれらを監禁する体のものであったか。

『戦史』編集の基礎となるのは、彼が「開戦と同時に記しはじめた」という手記ないしメモであって、錯雑した年代学的処理や数値記載の工夫も含め、禁欲的なまでに合理性を追究した正確無比な資料の取捨と解釈は、過去の復原力の見事さにおいて、驚くべきものがある。

しかしかかる過激なまでのミュートスとの絶縁において、他方で「人間の本性」を、歴史それ自体の究極的説明因子として概念化しようと試みるとき、この歴史思想家が踏みこんだのは、どのような地平であったか。

もとより歴史哲学者ではない。人間の本性《ピューシス》についても、それを普遍的理念として議論を繰り広げようとするわけではない。苛烈な歴史の現場に一時とはいえ立ち会ったこの人にとり、たとえば恐怖こそが大戦の引き金だったとする喝破《かっぱ》にしても、鋭い心理的洞察の散発的な吐露に過ぎぬものだし、そもそも立場を異にする様々な演説の再構という独特の手法にしても、それらの並存によりつつど事柄の奥行厚味を感得させようとする、見た目には不整合の企てであった。

むしろ、大戦のネガとも言うべき内乱における非人間性の直視にせよ、ペスト禍に人が虚飾の最後の一片すら剥《は》ぎ奪《と》られる惨状の臨床記録にせよ、自然《ピューシス》の露呈する暴力的必然をひたと見据《す》える透視力の非情にこそ、人間離れした彼の本領は存するのではなかろうか。

先に言及した「永遠の所有《クテーマ-エス-アイエイ》」なる揚言にしても、その所有《クテーマ》とは所持《クタオマイ》することであり、所有される存在が場所的に存在するということ、それとして限定されていることであって、そこへ無限定な永《アイ》遠《エイ》が投入されること自体、一つの逆理と言わなければならない。

けだしそこにこそ、「史」の語り部にひたすら徹しようとする同時代史家の覚悟があるのだとすれば、ミュートスとロゴスの組んづほぐれつは、かかる史の頂点において、背中合わせに、ある逆説的な表裏一体を現じたのではなかったか。

アトランティスとミダース　古代末期から中世への大転換は、言ってみれば、人類史の多声楽曲《ポリフォニー》の開幕であって、ミュートスからロゴスへといった単純な二項対立をちりばめるだけで見通せる風景ではない。ヘレニズム世界でようやく対面することになる『旧約聖書』の世界観など、「こと《ダーバル》」がそのまま神の「言《ダーバル》」だといった境地で、ミュートスはやがてキリスト教的なロゴスと結婚するが、そうなると神的なこのロゴスとのミュートスの関わりについては、一から辿《たど》りなおさざるを得ない。

当面の課題からかけ離れるこのような迂路《うろ》はひとまず跳び越え、ここで一気に西欧近代へと立ち還るにしくはない。オルテガが『楽土論』で、世を挙げての考古学熱という流行の底に嗅《か》ぎ当てた西欧人の自己超克への夢、その結晶の一つとしてのアトランティスとは、スペインの哲人にとり、どのような心象風景を浮かび上がらせるものであったか。

「私達の地平が経験したあらゆる拡張のうち、深さの次元で産み出されたこの拡張がもっとも物騒でもっとも暗示的なもの……それゆえにこそ、アトランティスを見つけ出そうと精出している考古学者や民族学者がいる」。『楽土論』に紹介のシュルテン博士の名を思い起こしていただきたい。

この人は、イベリア古代史における決戦の地ヌマンティアの発掘者であり、タルテッソス（聖書に見るタルシシュ）がフェニキア人の植民都市カディス（ガデス）だとする通念を正した人物なのだが、ガデスにむしろ程近いグワダルキビール河の畔に、かつてさる大国の千古の文化の都城があって、それこそが正真正銘アトランティスの中心なのだと論じたのであった。何を根拠に？

「シュルテンは紀元後一世紀のアヴィエーヌスの頗《すこぶ》る名高い地誌詩『海辺記（*Ora maritima*）』という半島海岸の案内記の中で、それよりもっとずっと古いまた別の旅行記の大きな断片に出くわしたのであった。そこにあるのは紀元前六世紀或《あ》るマッサリア（マルセーユ）人によって成し遂げられた海岸周航の話である。この古代マッサリア人はタルテッソスを、カルタゴ人によりそれが破壊されるのに僅《わず》かに先立って訪れたわけである」(『楽土論』)。

マッサリア人、またその母市フォカイア人の巡航によるこの発見を、博士はアメリカの発見にも比肩させるが、その曰《いわ》く。ジブラルタル海峡を越えるや、地中海にさらにもう一つの定かならぬ神秘の海を付け加えて、「既知の天地を倍にした」。そこで出会ったアルガントニオス(銀の人)なる王様は、「物柔らかで平和的で、また桁《けた》外れに富裕であって……その臣民共が……もっとも教化された……文字を用い、大昔から散文の年代記や韻文形式の法律を所有して……六〇〇〇年の月日を閲《けみ》したものだということである」。

こうしてオルテガも、「六〇〇〇年にも亘《わた》る法律を所有している民族は、……かけ値なしに頽廃《たいはい》期の民族である」と断じて、「その周航記には、〝高い城壁が河の水に影を映す〟幾千年のこの古都に停泊するとき、旅人が身内に感ずるあらん限りの歓喜が響きわたっている」と、詩情に溢《あふ》れた感懐を述べるのである。

中途半端の引用にとどめざるを得ないのを遺憾とするが、この話柄《わへい》が重要なのは、その裏に、全地の周《ぐる》りを極洋《オケアノス》が環流しているのだとするホメロス以来の宇宙像《せかい》がひそんで、英雄《ヘロス》の最右翼ヘラクレスに神話化されているからである。英雄一二の功業のうち、その第一〇ならびに第一一がそれだ。まず功業の第一〇、極洋に臨んでガディラ(カディス)と相対する赤島《エリュオネス》を棲《す》み家《か》としていたゲリ

ヘカタイオスの世界図

ヘロドトスの世界図

ユオネスは、三頭六手六脚の怪物で、赤に象徴される死後の世界のこの王が、オルテガの語るように、もしかグワダルキビール河口の三角州を暗示するなら、アンダルシアの古《ふ》りにしタルテッソスの王国は、地獄か冥土の暗喩となる。

そんな魔物が所有する赤牛を引っ捕らえるのが英雄に科された苦行なのだが、黄泉《よみ》の怪犬オルトロスともども牛を分捕った上、追いすがる化け物を頭三つすべて射当てて討ち果たした。地中海から西への出口の両岸にある「ヘラクレスの柱」と呼ばれる岩山は、その征途の記念に彼が打ち樹《た》てたものであることや、極洋を渡る際、太陽神から借り受けた黄金の盃に乗った話などは、ここでは喋々《ちょうちょう》すまい。

ゲリュオネスが棲んでいたのは西の涯《は》て極洋に近く、捕らえた牛を追いながら英雄が、のちにスキュタイ（スキタイ）人が住みつく無人の境へと赴いたなどと聞かされれば、いかにも茫洋《ぼうよう》としてくるが、要するに、冥府下《よみくだ》りする英雄が死を克服したとする寓話の骨組みが、浮かび上がってくるのではないだろうか。

さてここに続くのが功業第一一、この度も西の涯てなる「宵の明星《ヘスペロス》の乙女たちが守る園」から黄金の林檎《りんご》を獲《と》ってくるという難題である。

　極洋の西の彼方といえば、「至福者の極楽」エリュシオンの所在でもあり、黄金の林檎の比喩も、壮麗なる落日に空一面漣《さざなみ》を散らしたように茜《あかね》色に輝く夕焼け雲を連想させて、この世のものとも思われない。日輪の没するところ黄昏《たそがれ》に輝くのは、生命の樹の不死なる果実に違いないが、同時にそれは、昏《くら》き夜の国で死に養われる糧《かて》でもあったであろう。

　そしてこの場合も、無底の底における無辺際の広がりは、英雄が智謀の巧みをもって難題を解くに先立ち、東のかたコーカサスで、プロメテウス――天上の火を盗んで人類に施した懲《こ》らしめに、山角に縛《いまし》められ、肝臓を巨鷲《おおわし》の啄《ついば》むままに任せていた巨人――から怪鳥を射落としてやった返礼に、かの仙苑の消息と林檎を得るための秘策を伝授されたということで、裏付けられている。知恵のありかが、東陲辺土《コーカサス》より西方楽土《ヘスペリデス》へと通底する神秘の極洋に存することが、神話的な伏線をなしているわけである。

　ヘラクレスそのものについて一言しておくならば、一二功業の半ばがペロポンネソス半島に関わり、最後の第一二も、ラコニアのタイナロンから地下界へと下降して、火を吐く冥府の猛犬ケルベロスを素手で締め上げ降参させ、この魔獣をアルゴスへ牽《ひ》いてくるといった話で、背景にはこのあたりを中心に、さらにボイオティア一帯などでも尊崇された神妃ヘラにまつわる民間説話がある模様である。英雄の名からしてが「ヘラのほまれ《クレース》」を意味して、一二の苦業も畢竟《ひっきょう》、この女神を荘《しょう》厳《ごん》するための悔悛の勤行《ごんぎょう》だったのだということになるかもしれない。

ただしそうした歴史的な核をたずねることが我々の本意ではなくて、むしろ歴史を踏み破った始源のアプリオリに耳傾けること、生ける語りをミュートスが汲《く》むその泉が、神話物語《ミュトロギア》の水中に溶融し去った神話の魚屑《うおくず》が、時空を超える極洋の遙けき海鳴りを伝えるものにほかならぬ所以《ゆえん》に思いをひそめること、及ばずながら、本書はそのような一つの試論であるに過ぎない。

本書の主題、ミダース王とは、これから見てまいるように、マケドニア王家の遠祖とも関わるが、古代フリュギアの王者である。

フリュギアは、西アナトリア（つまり小アジア西部）を中心に、北西はヘレスポント（ダーダネルス海峡）に接し、南は一部ユーフラテスの領域にまで手を伸ばしてアッシリアに叩かれるなど、意外に広い地域にわたる王国をつくっていた模様である。ミダース王が君臨した前八世紀の繁栄期にはアッシリア領のキリキア海岸と南を接し、西では処々でエーゲ海に面しているが、前七世紀末頃にはリュディア王国に組み入れられていた。当然のことながら、イオニアのギリシア植民諸都市とも接触が深いであろう。

その王様にまつわる寓話のまず第一が、欲ぼけて触れるものことごとくを黄金にしてほしいと神様にお願いし、そのためかえって痛い目にあうという話なのであるが、この黄金の愚王には、西のかたアトランティスに比定されたタルテッソスの富貴王を思い起こさせるものがある。差し当たり東方のアルガントニオスとして対蹠《たいせき》できるのかもしれない。

不思議な冥合《みょうごう》であり照応であると言わざるを得ないが、東西通底する神秘の極洋から我々が汲みとり得るのは、古今を超える如何なる歴史と人生の謎なのであろうか。

(1)アトランティスの候補地として、目下はギリシアのサントリニ島(テラ島)の方が呼び声が高くなっているが、これとて十二分に確証されたわけではない。

I　黄金のミダース

一　説話の風景

神話と伝承

「ギリシア神話は開放的である」。教会というものをかたちづくるにいたらなかったギリシア宗教は、規範的形式に縛られぬまま、次々儀礼や神話に結晶化して、「これでおしまいということがない」。二一世紀への折り返し点で気鋭の学究、J・グールドが打ちひらいた境地であるが、つまりは変化する世界経験に常に対応して、流動的かつ自由であったこの宗教が、基本的には即興的だったという認識である。

神界の構成も幾度となく試行が積み重ねられていった所以《ゆえん》であるが、その無比なる文明への離陸が神話にも独自の合理的性格を帯びさせて、ミュートス的なロゴスが繰り広げられてゆくことは、先にも述べた。ミュートスの学知としての神話物語《ミュトロギア》が、用語としてもプラトンなどに初めてお目見えすることであろう。

こうしたミュートスの展開は、古典期からヘレニズム期を経て、グレコ－ローマンなる普《あまね》きローマ世界に弘通《ぐつう》してゆく。事実、伝存する体系的なギリシア神話は、ある意味でほとんどがローマ帝政創成期（前一―後一・二世紀）の所産にかかるとさえ見えるではないか。だから我々におけるそれら神々や英雄たちの物語も、ヘシオドスの『神統記《テオゴニア》』を主たる基準としつつも、大半が、真の意味で古典時代の生《なま》の伝承ではない。

　アポロドロス（前一八〇頃―？）の作と伝えられる『文　庫《ビブリオテーケー》』（通称『ギリシア神話』）など、ギリシア系譜学の正統を踏襲して煩瑣《はんさ》なほど網羅的な馬鹿正直の編纂にしても、また同じく系譜学に連なりながらも、それよりはヘレニズム風の恋物語等々を中心に、興味本位の大衆版ギリシア・ローマ神話総覧になっているオヴィディウス（前四三―後一七頃）の『転形譚《メタモルフォーセス》』にしても、その点相違はないのであるが、伝承への忠実ということにかけては、アポロドロスの生真面目《きまじめ》さは比較を絶する。典拠に相即しようとするあまり、一つの物語に異なる筋が混在しても矛盾するままという、驚くべき律儀さなのである。

　当然、『文庫』においては、資料が古典期（前五世紀）以前を主とする文筆伝承に集中して、民間口頭説話がすすんで採集されたりした形跡はない。だからその信用度は無条件に高いのであるが、依怙地《えこじ》とも言えるほど峻厳で、ローマが興隆を極めようとする頃に身をおきながら、ローマの神話伝説の類《たぐい》はことごとく無視して、その徹底ぶりは、ローマ建国の英雄アエネアスにまつわるトロイアの系譜にさえ、まったくもって触れぬほどである。

　その点、清濁併せ呑《の》むと言うべきか、面白おかしい神話物語の集大成として、本末おかまいなしの玉石混淆《こんこう》とも見える『転形譚』の作者は、選り好みなくローマの伝承を、寓話風のものまで鷹揚《おうよう》に取り込んで、かくてその後欧米に伝流して詩や文学に活かされるギリシア・ローマ神話も、おおむねはオヴィディウスを介してのものとなるわけである。ミダース王についての寓話も実はこの例に洩《も》れないのだ。『文庫』には影も形もないし、むろん古《ふ》りにし『神統記』と関わりのあろう筈《はず》もない。

いきおい本書も、『転形譚』にひたすら拠《よ》りつつ、ほか断片的ないし部分的に諸典拠をも突き合わせて大局的な考察へとつなぐのを、当面の戦略とする。

ラテン文学とオヴィディウス　が、その前に、ラテン文学の黄金時代にその後半を彩った抒情詩人の雄、否、普くローマ詩人の白眉とすら讃えられるオヴィディウスとは、いかなる文人だったのだろうか。

むろんローマの国民詩人ということであれば、まず指を屈すべきはヴェルギリウス（前七〇―前一九）、オヴィディウスにほぼ一世代先立つが、英雄叙事詩『アエネーイス』を謳《うた》い上げて、ホメロスにも比肩するとされた大詩人である。ローマ建国の遠大な理想を成就するまでの苦難の歴史が、神話化されてこの長篇に展開するわけであるが、皇帝の御前《ごぜん》で一部朗誦《ろうしょう》されたこの詩篇が、あくまで壮重な調べを響かせていることは言うまでもない。

ただそのことは、裏返せば、謹直なこの人の紡ぎ出したものが、他面ではかえって鈍重そのものであったということでもあって、その点、詩想滾々《こんこん》として才筆煌《きら》めくがごときオヴィディウスには、文筆家として多少見劣りすることは争えなかったと言うべきか。

が、過ぎたるは及ばざるがごとし。愛恋の秘奥を明かして満都の子女の陶酔を誘ったオヴィディウスは、まさに得意の絶頂で、突如皇帝アウグストゥスの追放令により、黒海岸の寒村トミスにひとり終身流刑に処されたのである。

おおよそ三期に分かたれるその作品歴のうち、第一期は『愛の歌』『色道教本』『名婦の書簡』など好色文学の範疇で代表され、第三期は流された蛮地より身の潔白を訴える『悲しみの歌《トリファティア》』や『黒海からの便り』に筆を染めた期間とすれば、配流《はいる》に先立つ幾年《いくとせ》の第二期こそが、『転形譚』執筆の時期だったということになる。

本書の素材はむろん第二期のものであるが、おおむねエレギア詩型を得意とするこの詩人が、『転形譚』のみは叙事詩のリズム――六脚韻《ヘクサメトロス》――で綴っているのは、どうやらヴェルギリウスのあの国民叙事詩への挑戦という、不敵な動機を内に秘めていたからなのではなかろうか。ヴェルギリウスは死の床で『アエネーイス』を未完成ゆえに焼却するよう言い残したと伝えられるが、片や黒海に流謫《るたく》の詩人は、歌ゆえに身を滅ぼした不運をかこつあまり、『転形譚』を爾余《じよ》の作品もろとも火中に投じたという話もあって、それさえ先輩ライヴァルにあたかも張り合うごとくなのだ。

要するにオヴィディウスの挑戦は、「英雄叙事詩」のパロディをなすといったかたちで「反叙事詩的」叙事詩をものしてしまった点にあるであろう。だから『転形譚』に精出して繰り広げられるのは、神話・英雄伝説の本筋から言えばたいして重要でもない諸説話の、官能的で、なんとはなしに甘ったるい、感傷的にしてペシミスティクな現世的神話以上のものではないことになる。ギリシアのそれと銘打って面白おかしく彼の聞かせる神々の色恋沙汰《ざた》の物語も、畢竟《ひっきょう》、この詩人の生きたローマ帝政発足期の、ソフィスティケイトされた日常の一こま一こまにしか過ぎぬのではなかろうか。ミダース王の話が後代へ、さらには世界の涯《は》てへと感興の波紋を広げてゆくのは、おそらくこのような肩の凝《こ》らぬ庶民性に支えられてのことと思われる。

『転形譚』全一五巻のうち、ミダースの物語は巻一一で登場する。物語の山は二つ、前者が黄金に目が眩《くら》んだ愚王が、願った黄金のゆえに、飲み食いさえできなくなるといったかたちで懲《こ》らしめられる話なら、後者は後述するように、出過ぎたことをして神の不興を招き、耳をロバのそれにされてしまって、必死に隠そうとするが露見してしまうという話である。

内容的に別の話柄《わへい》であって、別々の伝承に基くことは論を俟《ま》たぬが、お灸を据《す》えられた愚王が性懲りもなくまたぞろといったつなぎで継起的に並べられることにより、二つの山が物語の前段・後段として甚だ巧みに接合されているのだ。

何しろ『転形譚』全体では二五〇に近い数の物語、これら千変万化する諸主題を、言わば長篇小説風に途絶えることなく編み上げてみせようという、途方もない企てである。そこに一本の筋を通そうとした苦肉の策が、変化そのものを逆手にとった「転　形《メタモルフォーセス》」なる総題であったと言える。それは、目まぐるしい転変を数珠つなぎに貫く、永遠不滅の運命の糸とでも言えようか。

最終第一五巻のほぼ一半が、オヴィディウスにしてはやや退屈なピュタゴラスの教説の提示となっているのは、「輪廻転生」的な観念をそこに持ち込もうとしているからなのであろうか。そして最後は、カエサルが寿命を終えるや、神となって天界へと昇り、月よりも遙か彼方に舞い上がって、輝く星となった、という究極の「変容」をもって、掉尾《ちょうび》が飾られる。

そこには、いまだ皇帝の恩寵を信じて疑わぬこの御用詩人が、聖寿の万歳を祈念する思いが込められてもいれば、また人を喰った遊蕩のこの嬌児が、跋文《ばつぶん》で「わたしは名声によって永遠に生きる」とうそぶく絶大な自信のほどが吐露されてもいるのである。

かかる『転形譚』に語られるミダース物語の前半、「黄金のミダース」に、まずは集中することとしよう。

シレーノスの捕縛

ミダース王が登場する文脈としては、まず先立つ第一〇巻の出だしに、楽人オルフェウスが亡妻エウリュディケを求めて黄泉下《よみくだ》りすることが歌われる。第一一巻の冒頭では、女には見向きもしなくなったこの伶人《うたびと》を、トラキアの女どもが狂乱のうちにばらばらに引きちぎる。何ともむごたらしい光景だけれど、そこへバッコス神が光来し給うて、そ

ディオニュソスの車につき従うシレーノスとマイナデス

の懲罰に女どもを樹に変えておしまいになる。その上で、いよいよミダースの段落へとつづくわけである。

つづき具合としては、それでも腹の虫がおさまらぬこの神様が、そんなトラキアには嫌気がさして、そこを打ち棄て、信者たちを引き連れて、もっとましなリュディア――具体的にはトモロス山にある葡萄園やパクトロス河――を目ざし給うたのだという理由づけになっている。

「黄金のミダース」の話は、こうしてバッコス神御一行の入来をもって始まるわけであるが、目ざす先がトモロス山の葡萄園とあるのは、何しろ酒神のこと、説明を要しないとしても、パクトロス河に関して「当時は、まだ金を産していなくて、その貴重な砂金がひとびとの垂涎《すいぜん》の的になることもなかった」と蛇足が加えられているのは、話が一巡したあとで種明かしされるこの河の砂金の由来につき、あらかじめ原因譚《たん》的な布石が打たれているということである。原因譚に関しては、すでに前四世紀に学府アレクサンドリアで、学匠詩人カリマコスの『縁起《アイティア》』などがもてはやされていたから、当然オヴィディウスの意識には入っていたことであろう。

さて件《くだん》の御一行であるが、常々バッコスにつき従うのは、サテュロスの

ミダース王の前に突き出されるシレーノス

群と信女《バッカイ》たちであった。ところがシレーノスだけがいない。はぐれてしまったのである。

サテュロスとは半人半獣の輩《やから》で、その風体は山羊の角や耳、長い尻尾、蹄の付いた肢を持った姿である。元来が山野に群れる生類の精で、さまざまな土地でさまざまに呼ばれていた。やがて狂乱女《マイナデス》らとともにバッコス（ディオニュソス）に随従する、野性的で色情的な、陽気ないたずら者になってゆく。シレーノスはサテュロスどもの老成した別格で、馬の耳や尾、蹄を持つが、今少し人間に近く、角はない。この物語におけるシレーノスは、バッコスの養い親にあたる。

さてそのシレーノスだが、酔っぱらってふらふらしているところをフリュギアの百姓どもに捕らえられ、花環で縛られて、ミダース王の前に引き出された。

ところで、「この王はトラキアのオルフェウスとアテナイのエウモルポスからバッコスの秘儀を授けられていた」と断り書きが付く。これではっきりした。先立つ前段で、オルフェウスのむごき横死と、それへのバッコス神の復讐が語られている所以が。楽人へのことさらのこだわりが、秘儀がらみの伏線であったことが。

　楽聖オルフェウスが創設したものと伝えられるオルフェウス教（オルフィク教）は、前六世紀頃に証跡が突きとめられる宗教運動で、主にバッコス（＝ディオニュソス）を崇拝の対象とする。するともう一方のエウモルポスとは何者か。アテナイ近郊なるエレウシスは、穀物女神デメテル崇拝最大の中心で、その社《やしろ》における密儀の起源はまことに古く、ミュケナイ文化以前にさえ遡るとされる。トラキア出身ながら、エレウシスの祭司となったのがエウモルポスで、その農耕儀礼に際し、供犠《くぎ》執行の神官職を世襲するエウモルピダイの族《うから》の神話的祖先であった。

　オルフェウス教は、その強力な磁場の中に雑多な諸要素をも収斂《しゅうれん》する、習合的なものだと言われる。エウモルポスが、先輩格のオルフェウスとともにバッコスの秘儀を王に授けたとされることは、エレウシス密儀が、バッコス＝ディオニュソスの信仰と手を携えるオルフェウス教において、自由な活路を見出していたということではないか。

　もっとも、前ギリシア的な農耕祭に発するエレウシス密儀の創設に、オルフェウスが与《あずか》ったとする証拠はない。エウモルポスをオルフェウスの弟子だということにする伝承は、たぶんヘレニズム時代以降のものであろう。

　それに一方では、オヴィディウスの時代にも、オルフェウス本人はオルフィク教徒というより、詩女神《ムーサイ》信仰の要《かなめ》として、黄金の竪琴の御神なる銀弓神《アポロン》の威光を負ったものであるとする古来の通念は揺るぎもない。オルフェウスをもってミダースへのバッコスの秘儀の伝授者とするがごときは、オヴィディウスの生きた時代の風潮でしかないであろう。いやそれどころではない。オヴィディウスそのひとが入会儀礼《イニシエイション》の経験者なのだと断ずる説にだって事欠かぬのだ。が、少なくとも「黄金のミダース」の物語において、密儀祭祀へのオヴィディウスの並ならぬ関心が通奏低音をなすことだけは、否定すべくもないところであろう。

黄金と浄罪

さて、突き出されたシレーノスの姿を目にして、ミダースは仰天する。なんと密儀の仲間ではないか。さっそく老いたる獣人を客人として、一〇日一〇夜盛宴を張って歓待する。そして一一日目の朝まだき、昔なじみを野末に見送り、老人の養い子にあたるバッコスのもとへと送り返したのである。養父の無事な帰還に、むろん酒神《バッコス》は大喜び。望みは何なりと叶えて進ぜようとミダースに約束して、そこで問題が起きるわけである。

「わたしのからだが触れるすべてのものを、きらめく黄金に変えてくださいますように」。こんな願いごとでミダースが答えた神の申し出そのものが、「ありがたいといえばありがたい約束だが、結局は、王にとってはためにならないものだった」という添え書き付きのものであった。神にはすべてお見通し、もっとましなことを王が願ってくれなかったことを悲しまれても、如何ともなしがたいもどかしさよ。

嬉々として帰ったフリュギアの王様が繰り広げるのは、己が禍いとなるであろう恩恵に少年のように胸弾ませつつ、手にする一つ一つが金になるか、半信半疑たしかめてゆく情景である。短く畳《たた》みかけるクレシェンド。

ところが「そのときのことだ（tum vērō）」。食膳に山盛りの御馳走《ごちそう》が運ばれてくるが、パンに触れるとカチカチになるし、料理を噛《か》もうとしても歯の当たる部分が金箔で覆《おお》われる。葡萄酒を水で割れば、見よ、溶けた黄金が開けた口から流れ込んでくる。

「葡萄酒を」という箇所が原文では「贈物の施し手を」とあるのは、つまり葡萄酒そのものにほかならぬあの神《バッコス》御自身が、水中で黄金に変身し給うたということであって、欲ぼけミダースを身をもって懲らしめ給うたことになる。ひねりの利いた神学的冗談とさえ言えるであろう。

あり余る食物を前にして飢えはやまず、渇きが喉を灼《や》く。金持ちであることが悲惨の極みで、恨めしげに彼は叫ぶのである。

「父なる酒神よ、許し給え。私が間違っており申した。なにとぞお慈悲を。結構ずくめの災いからお助けを」と。

オルフェウスの密儀における悔悛のある定型が、そこには顔を出していないだろうか。ちなみに罪の告白は、神の恩寵に浴すための大前提の一つなのだ。

「神々というのは慈悲深いもの」とは、作者が舞台に紛れ込んでの個人的感懐だけれど、罪を犯しましたと自白する者を元通りにして下さった代わりに、恩恵を賜わるお約束は帳消しになる。そして神の命じ給うたのは、サルデスの都に接するパクトロス河の水源にまで赴いて、泡立つ泉が滾々《こんこん》と湧き出すあたりに、頭と身体《からだ》を浸すことであった。罪を洗い流すためである。王は「命ぜられた通り水に浸ったが、黄金の魔力は河の水に浸《し》みこんで、人間のからだから流れる水へと移っていった」。

水による魂の浄化は、キリスト教ほか多くの宗教で典礼の一部をなし、とりわけ古代エジプトや古代ギリシア・ローマの女神であるイシス、バッコス、ミトラ教の神ミトラスのそれにおいて著しいが、罪の潔《きよ》めの主題は、ここで一転、パクトロス河の黄金の原因譚となって、「ところで今もってなお昔の鉱脈の種子とも言うべきものでこのあたりの土地は黄金で凝《こ》り固まっており（この河の流れで）湿った土くれは青白い光（＝鈍い金色）を放っている」。

この河に関し、「当時はまだ金を産していなかった」という出だしの補足を思い出していただきたい。愚王の愚劇のおかげで、この河が砂金を産出するようになったという理屈がここに成り立つわけで、平仄《ひょうそく》が合うであろう。ヘロドトスにも「パクトロス河はトモロス山に発し、砂金を運びながらアゴラの中央を貫流する河で……遂には海に注ぐ」とあるから、地理的原因譚としては申し分ない。

ただし原点としての悔悛そのことは、問題として残る。ここで今一度、シレーノスがフリュギアの百姓どもに引っ捕らえられる最初の場面に戻るとしよう。

原則に厳しい『文庫』でアポロドロスのお眼鏡に叶わなかったミダース説話は、幸いオヴィディウスの拾い上げるところとなった。それだけに、この説話が別の著者により掬《すく》われる可能性もあったことは想像に難くない。

賢王から愚王へ

それらの異伝では、あのへべれけ獣人はたまたま捕らえられたのではない。シレーノスの深遠なる智慧《ちえ》に与かろうとして、ミダースが泉にしこたま酒を仕込ませた上、これをきこし召した獣人《シレーノス》がバラ園に陶然として熟睡《うまい》を貪っているところを難なく捕らえさせたのである。

泉の位置であるが、後二世紀の地理学者パウサニアス（『ギリシア案内記』I. 4.5）ではアンキュラ（アンカラ）、元軍人の文筆家クセノフォン（前四三〇頃―前三五四頃）（『アナバシス』1.2.13）ではそれより南方のテュンブリオンで、いずれも小アジアであるのに対し、後二〇〇年頃の文人アテナイオスではマケドニアよりもっと北のパンノニアということになっていて、しかもそのインナの泉とは語源的に、「ロバの泉」を意味する。ミダース説話の今ひとつの山をなすロバの耳の話と思い合わせて、何やら思わせぶりではないか。

さて歴史家テオポンポス（前三七八頃―？）には、ミダースにシレーノスが得意げに打ち明けたお伽《とぎ》の国メロピスのことが語られていて（『ギリシア史料断片』収録『フィリッピカ』断片74―75）、それによれば極洋《オケアノス》の彼方無辺際に広がるこの国では、住民が常人に倍する寿命と身長を有して、極北《ヒュペルボレア》にある常春の楽園の人々のそれにも勝る至福を享受している。

悲観的冷笑的な潤色は毫《ごう》もなくて、むしろプラトンの伝えるアトランティスをも上回る夢物語を紡ぎ出そうとしているから、ギリシアの長篇小説《ロマン》の先駆とされたりする所以だけれども、同じくシレーノスの打ち明け話が、アリストテレス（前三八四―前三二二）の断片『エウデモス（霊魂について《ペリープシュケース》）』では、がらりと趣を異にする。

期待に胸ふくらませたミダースが、人間にとり何が最善なのか、またすべてに勝り望ましいのかと尋ねたとき、シレーノス（つまりこの獣人）は、初めのうち何ごとも語ろうとせず、頑《かたく》なに沈黙を守り通している。それでも王が手を替え品を替えて誘《いざな》うに及び、ようやくにしてこう述べたというのである。

「すべてにまさる最上のことが人間の族《うから》に生ずることは決してあるまい。また最もよきものの本性にあずかることもありえぬ。その所以は、すべての男と女にとり、生まれて来ないことこそ最善なのだから。だが次善の、人間に出来うる限りの最善は、生まれてしまった以上、出来るだけ速やかに死ぬことだ」と。

金満家の王様が、人間にとり最善の望ましいことは何かと尋ねる智慧の探究者だということで、賢者ミダースなる王者像が、そこに歴然として立ち上がってくる。

ただし、生まれざりせばなお幸福なるものをというのは、古代ギリシア人おなじみの古典的厭世《えんせい》観で、これをもって直ちにこの王様を、オルフィク教の奥義に参じた者としたりするのは当たらないのだが。

すると、今いっぽうの黄金に貪婪《どんらん》だったミダースの方はもっぱら愚者なる王者像として、両者が並び立つとき、賢王から愚王への、これまた「変容《メタモルフォーセス》」が語られたとしていいかもしれない。あるいは賢愚並び立たされるのは、かの大詩人《オヴィディウス》特有の「詩的分裂症《スキゾフレニー》」のゆえなのだろうか。はたまた対峙する二つの現象形態のうち、いずれかを古層に属すとすべきなのであろうか。

H・ホンメルの小論「古代の悔悛方式諸相」によれば、それらいずれに関しても心を労したりするまでもない。なぜなら、生まれざりせばというギリシア古来のこの常套句《トポス》が獣人の口上となるのは後代のこと、その限りではむしろ、あまりに人間的な弱さゆえに神の見せしめを喰らう、何とも愛すべき素朴な主人公というに過ぎないのである。

目の前に連れてこられた獣人に王が見出したのも、だから密儀での教友というよりは、嬉しいことに飲み仲間だったのであろう。であればこそ、一〇日一〇夜にわたってのどんちゃん騒ぎ！　泉に酒を仕込ませた上での捕物劇も、獣人から人生の真理を聞き出そうというような求道者的な動機からではあるまい。御大層なそんな見せかけは、あとから取って付けたもので、真相は飲み助の旧友再会に過ぎぬのではないか。

『転形譚』とは別系統（ヘロドトスなど）の話では、マケドニアのバラ園が舞台であって、すると真面目くさったオルフィク教などというより、それ以前の原郷におけるディオニュソスの祭儀こそが背景となる。春祭としての陽気なディオニュソスのバラ祭は、故人の墓前でバラを燃やす儀礼とも関わるらしいが、祝祭の期日は一〇日、この風習はマケドニアから小アジアへの民族の移動に伴い、どうやらフリュギアへと伝えられた。バラの花冠で飾られたシレーノスが一〇日にわたり、下にもおかぬもてなしを受けたのと、何たる符合であろう。

また、泉から決まった時期に酒がひとりでに大地に流れて芳香を発するのが、ディオニュソスのそこで生まれた証しとされれば、逆にそこから、ミダースが酒を仕込んだ泉を酒神誕生の舞台として原因譚的に明かし得るかもしれない。

とどのつまり、音を上げて神に哀願する羽目となるミダースは、結局、愚王というより、人の身として哀れな男でしかないことになるであろう。

民話学におけるミダース

ミダースの物語は、神話と並べられる一方、説話とか寓話といった範疇でも取り上げられてきた。神の物語《ヒストリア》として超人的な部分を払拭し得ない神話に対し、説話と言い寓話と称されるものは、あくまで人間が中心である。用語としては、ほかにも民話、昔話、物語、童話、民間伝承といった言い方があって、交通整理もままならない。

いずれにせよ、今日の民話集に相応する内容の最初の文学的成果は、一六世紀ヴェネツィア人が編纂した『楽しき夜ごと』（一五五〇―五三）や、次いで一七世紀初めにナポリで上梓の『ペンタメローネ』（一六三四―三六）。さらに一八世紀にかけてはフランスにペローあり、しこうして一九世紀のグリム兄弟によるあの記念碑的労作ということになるであろう。

一九世紀後半からは、近代国家統一への風潮に促されて、民俗学者や民族学者の手で盛んに民話の採集や分類・研究が行われたのであった。

正直に言って、ディレッタント的傾向がなかなか抜けきらないところがこの分野の欠点だけれど、それでも資料の正確な観察・分析・結論を目ざして、類話の収集と分類は、二〇世紀には世界規模になる。一九一〇年、「民俗学者連盟」が創立され、その『連盟通信』第三号に、フィンランドのA・アールネ（一八六七―一九二五）が、『昔話の型』を発表した。これがアメリカのS・トンプソン（一八八五―一九七六）により増補改訂されたもの（一九二八／一九六一）が、説話の分類番号における国際的な標準となっている。

それから今ひとつ、ボルテとポリーフカによる『グリム兄弟の童話への註釈』（一九一二）という浩瀚《こうかん》な労作があって、典拠とした参考書目は一二〇〇点にも及ぶ。厖大な資料であり、二〇〇有余の童話をそれぞれ磁場として、関わる鉄片鉄粉をすべて吸着させる方式だから、分類というより分極であり、整合性に劣る分、具体性に勝ると言えるが、それでもまだまだ世界の民話全部を収集したとは言えないのである。

アールネ＝トンプソンの「話型」の分類は、さらにロシアのフォルマリスト、ウラジーミル＝プロップ（一八九五―一九七〇）により修正を施されて、構造主義の先駆的所産とされた機能論的な『昔話の形態学』（一九二八、英訳一九五八）に結晶する。

基本としてのアールネ＝トンプソンの大分類を示すと、

1. 動物説話
2. 本来の昔話（A. 魔法昔話、B. 宗教説話、C. 短篇小説風の話、D. 愚かな悪魔の話）
3. 笑い話・逸話（アネクドート）
4. 形式譚
5. どれにも分類できない話

となる。

ミダース王の二つの物語がこの分類のどこに属させられているのかを調べてみると、いずれもが宗教説話に収められ、さらに三分される下位区分では、「ミダースの目先の欲望」が「神の報いと罰」のグループに、「ミダースとロバの耳」が「真実が明るみに出る」のグループに繰り込まれている（残る第三グループは「悪魔との契約」）。

悔悛の系譜

黄金のミダースの物語は、構造としては、過ち――懲らしめ――悔悟と罪の告白――神の宥恕《ゆるし》――浄めによる贖罪《しょくざい》、という図式になろうか。さながらキリスト教における躓《つまづ》き――懺悔《ざんげ》――罪の赦《ゆる》しの構図にも似た悔悛のこの方式は、先にも述べたように、それをことさらオルフィク教がらみに解しようとする風潮が、昨今はとみに強いようである。

オヴィディウスその人すらもが密儀への入門者でないと限らぬとされそうな勢いなのだが、ホンメルは、特定の宗教結社に関わらせて解する必要は必ずしもないとする。かかる悔悛の方式は、詩人を取り巻く環境において、普く行きわたるものとなっていたからである。現に多感なこの男は、流謫《るたく》の黒海から痛哭《つうこく》の文字を連ねつつ、はっきりイシス信仰に自らを関わらせたりしているではないか。すべからく広い関連で、古代世界における悔悛の諸系譜を、ミダース王説話の背後に探るべきであろう。

民話学の観点から見てみると、この説話がアールネ‐トンプソン話型分類では「神の報いと罰」なる下位区分に収められているのに対し、ボルテ‐ポリーフカのグリム童話への『註釈』では、「貧乏人と金持の男」なる話の類話となっている。

この話型の特徴は、神々がまれ人として地上をさまよい、清純なる善人には福運を、強欲なる悪人には破滅をもたらし給うという筋立てである。前者が与かり得た幸運を、後者が厚かましくも願って、かえって不幸に陥るという話柄もある。そのことをもって神々が人間を試み給うていることになるのは、『オデュッセイア』（XVII. 485）に、神々が「いかなる姿にもなって人間の無法な振舞い、正義の行いに目を光らせつつ町々をめぐられる」とある通りなのだ。

神々が善人に福をもたらす例としては、たとえば『転形譚』では、同じくフリュギアを舞台としたフィレモンとバウキスの寓話（VIII. 616―715）がある。ユピテル（ゼウス）とその息子メルクリウス（ヘルメス）とが、正体を隠してこの老夫婦のちっぽけな家へやってきたとき、夫婦はわが鉢ノ木の逸話もかくやというほどの惜しげもない歓待に心を尽くした。

身分を明かした神々しい客人たちが、あの高い山へ同行するようにと宣《のたま》うので、長い坂道を懸命にのぼって、途中で振り返ると、村は沼に沈んでいた。不信心者を罰する大洪水から正直者の夫婦だけが免れたわけで、古いあばら屋は神殿に変わっていた。神から望みを問われ、生涯神に仕えたいということと、夫婦同時に他界したい旨を申し上げると、念願叶って、神殿を守りつつ老い衰えるや、ともに葉を生じて仲よく相隣《とな》る樹木となったという物語である。

逆に無思慮な願いごとがどんな結末となるかについては、たとえば古代インドの説話集『パンチャータントラ』（5.c.8）に貧しい織工の話がある。この男は樹木を切り倒そうとしたが、その樹霊の懇願により思いとどまり、代わりに願いを一つ叶えられることになった。妻に悪知恵を付けられて、もう一つの頭ともう二本の腕をと所望したのは、機《はた》織りを倍増させようという肚《はら》だったのである。そうやって帰宅してみると、人々から悪魔扱いされ、殴り殺されてしまう。

　他の地域の類話も多々あるが、要は人が不相応な願いを叶えてもらっても、神は本来の状態に復し給うのだということであり、ミダースの無思慮で愚かな願いも、その典型例ということになる。同じくフリュギアの、奴隷アイソポス（イソップ）にまつわる寓話集（前六世紀）では、棘《とげ》のある穂を欠いた麦殻《むぎがら》を望んで叶えられたところ、収穫前に鳥どもが啄《ついば》んでしまったという、当然と言えば当然な理《ことわり》を訓《おし》える例もあるが。

　民話学における「黄金のミダース」説話の位置付けは、以上によってほぼ想像がつくのではないだろうか。

　そのような地平と比べるとき、悔悛の系譜を探ることは、たとい特定の宗教教派と関わらせる必要はないにせよ、罪のない寓話にこと寄せつつ、一段と深い精神史的な位層と相渉《わた》るところがあるかもしれない。そのため人は、根源的世界という内的時間の存在様式を垂直に辿《たど》ることにもなるであろうが、どこまでそれを我々は可能にすることができるのであろうか。

　ミダース王の説話にはもう一つ、「王様の耳はロバの耳」なる後段がある。後段もまた愚かしいミダースの「性懲りもない」話となるが、ひとまず後回しにすることとしよう。その前に説話がかたちづくられた時代背景として、僭主《せんしゅ》なるものとその時代の性格につき、一瞥《いちべつ》をくれておくにしくはないからである。

二　魔法の指輪

フリュギアの建国神話

フリュギアの王家の歴史で、ミダースと並び、実に何度となくお目にかかるのが、ゴルディオスという王の名である。ゴルディオンとして首都の名にもなれば、後述する「ゴルディオスの結び目」という有名な故事として人口に膾炙《かいしゃ》もしている。

ここでフリュギアの建国神話に話を遡らせると、昔々ゴルディオスという貧しい農夫がいて、あるとき彼が一対の牛を使って畑を耕していると、一羽の鷲《わし》が舞い降りてきて轅《ながえ》の上にとまり、牛を解き放つ夕暮れ時になるまでずっとそこにとまったままだった。

ゴルディオスはその様子に胆をつぶし、この異象についてテルミッソス人の占師たちのところへ相談に行った。この連中が異象を解き明かす術に長じて、代々女子供にいたるまで予言の能力が伝えられていたからである。

彼がその村に近づくや水汲《く》みの少女に出会ったので、鷲の一件を語り聞かせると、異象の起こった場所に戻って、王なるゼウスに犠牲を捧げるよう指示される。その指図のままに供犠《くぎ》を行うのだが、この少女と不思議な結婚をして、二人の間にミダースという名の男の子をもうけた。

この子が成人してフリュギアの王となるのは、次のような経緯《いきさつ》による。すなわち、後年、民衆に反目の生じたのが事の発端となるのだけれども、たまたま内乱終息の評議のさ中、神託に伺《うかが》ったところ、一台の荷車が王を連れてきて、内戦を鎮めてくれようとのお告げであった。折しもミダースが両親とともにやってきて、荷車をそこに停めたので、神託の通りだとして衆議一決し、青年を王位に即《つ》けたというのだ。

もっとも王に推戴されたのは父の農夫で、息子の代に王権は盤石《ばんじゃく》となったとする異説もあるが。いずれにせよ、建国の祖ミダース一世にまつわっての神話にほかならない。

先にも述べたように、フリュギアの遠い祖先はマケドニアから渡ってきたのだとする言い伝えがあるが、右の内紛というのは、そうした移住民とフリュギアの先住民との間に生じた軋轢《あつれき》なのではあるまいか。その調停者としての初代は、十全にはいまだ建国の祖ではなかったことであろう。むしろ諸市を建設する段階であり、一国の創始者としての真の歴史的形姿となるのは、ミダース一世の孫の代のミダース二世あたりに違いない。

前八世紀、この国王の代にいたって初めて、フリュギアは同時代のアッシリアの史料に存在を証されたりもするわけである。東地中海一円にその名を謳《うた》われるわが黄金のミダースについて、それは歴史的傍証として何らかの手応えを覚えさせるものではないのか。

前八世紀のフリュギアをめぐっては、散在するギリシア語の文字資料をはじめ、碑文や考古学的発掘品などにも事欠かないが、全体の年代学的枠組みを提供するのは、キリスト教著述家エウセビオス（二六三頃―三三九）の『教会史』。それによれば、ミダース二世の治世は前七三八―前六九六年であった。もっともキリスト教歴史家のユリウス゠アフリカヌス（一七〇頃―二四〇頃）によれば、その逝去は前六七六年なのだが。

彼の名は、アッシリア王サルゴン二世（在位前七二一―前七〇五）のいくつかの史料に、前七一七年から七〇七年にわたり顔を出し、そこではムシュキ王ミターと呼ばれている。

ムシュキというのは、アッシリアが前一二〇〇年前後、ティグリス河上流で接したフリュギアの民の最初の呼び名で、北東アナトリアのミュシアとかトラキア北方のモエシアと関連があって、この民がマケドニア方面からアナトリア（小アジア）へ移住してきた名残りと言えるが、ミターの方も、アッシリアの旧宗主国ミタンニと遙かに響き合うものがあるのかもしれない。

それはともかく、ここに顕《た》ち現れるミターなる者は、一言で言えば、南東アナトリアの地方君主だが、アッシリア帝国の臣下でもあった。ただし帝国に無条件に膝を屈していたのではなく、独自の外交路線を追求することさえあったほど強力だった。

前一〇〇〇年紀は、新アッシリア、新バビロニア、ペルシアが相次いで超大国として強盛を誇った時代で、帝国時代と総称されるが、新アッシリア時代とも呼ばれるその前半は、このアッシリアが他の追随を許さぬ軍事強国で、キリキアにまで触手を伸ばし、勢力はタウルス山脈を越えカッパドキアに向け広がっていた。

しかし、ミタンニと同じくコーカサス系のウラルトゥは、以前からアッシリアの好敵手だったのだが、前八世紀中葉にはシリアにさえ突進して、一時期少なくともその北部ではアッシリア勢を寄せつけなかった。ただこの折には本拠地に押し返されている。そこでフリュギアと連帯することにより捲土重来《けんどちょうらい》、失地を回復しようとした。両者が結束することにより、初めて超大国をも脅かす勢力となり得たからである。

フリュギア自身には、はっきり二つの戦争目的があった。一つはキリキア海岸、いま一つは北東アナトリアなるハリュス河上流のアッシリア領である。そのためには、この河の中流域でその東へと進出しなくてはならなかった。カッパドキアへ向かってのフリュギアのこの拡張は、少なくともヒッタイト帝国の何らかの権利を継承することを求めていたから、ミダースは、場合によっては中央アナトリア土着のハッティの王なる称号をさえ帯びていたかもしれない。

結局アッシリアとの対決と膝詰談判は、サルゴン二世との和議に漕ぎつける。キリキア海岸への請求権を放棄するかたちでの決着だったらしく、以後はフリュギアへのアッシリアの関心は失せたのか、この蕃王《ばんおう》に関しての帝国の情報は杜絶《とぜつ》する。

ところでそのようなミダースを、西方なるギリシア人は、フリュギアの支配者として承知していたわけである。ヘロドトス（『歴史』Ⅰ.14）によれば、デルフォイに奉納品を献じた最初の異邦人がミダースであって、その献上品とは、この人が裁きを行う際に自ら腰を下ろしていた玉座で、「一見に値するまことに見事な」品であった。この点彼は、のちに隣国のリュディア王ギュゲスが黄金製混酒器など莫大な献納をするのに先んじていたことになる。

イオニアなどのギリシア人とも緊密な接触を保った筈《はず》で、結婚相手も、北西アナトリア沿岸のギリシア人植民地帯アイオリスで支配していた、キュメのアガメムノンの娘であった。

黄金王ミダース

黄金のミダース王とは、要するに、メソポタミアからエーゲ海域にわたり、手広く国交のネットワークを張りめぐらせていた有力君主ということになろうか。デルフォイの聖殿へのその奉納物がことに報じられているのも、つまりは彼が偉人にしてかつ意外にも仁慈の人物として、ギリシア人に知られていたことを意味する。いわんやゴルディオンの都に、当代のギリシアからの工芸品が見出されるにおいておや。また逆に、フリュギアのそれがギリシア側に見出されるにおいておや。背景にある両文化の、意外に幅広い交流を推測せしめるではないか。

ゴルディオンの城市《まち》は、前七世紀最初の四半世紀に、南露方面から侵入したキンメリア人の陥《おと》すところとなって、アナトリアにおけるフリュギア人の覇権は終止符を打たれることとなった。しかしてミダースその人も。なぜなら都が陥《お》ちたとき、この王者は毒を仰いで自らの生命を絶ったと伝えられるからである。

ギリシア人は、自身また、つば競《ぜ》り合いしなくてはならぬ相手だったキンメリア人の脅威が重々身に沁《し》みていた筈であるから、ゴルディオンの劫掠《ごうりゃく》とミダース自死の噂で定めしもちきりだったことであろう。その衝撃の一つの結果こそは、ミダース王の、歴史的人物像からギリシアにおける寓話の主人公、「黄金の愚王ミダース」への生まれ変わりだったに違いないのだ。

さて、伝説の主人公としてミダース像は、ギリシア人のもとでどのような変遷を辿《たど》ったか。あいにく物語を包括的に文筆化したものは、前四世紀に先立っては見出し得ない。いきおい雑多の断片資料を手探りで組み立ててゆかざるを得ないが、ここではこの王者像が、桁《けた》外れの富に恵まれた君主としてのそれであったという公分母を指摘しておけば足る。その豪富はすでにして前七世紀中葉、ギリシア人の間で語り種《ぐさ》となっていたのであった。

前七世紀のスパルタの詩人テュルタイオスは、武徳を称揚する詩節のいくふしかで、たとい膂力《りょりょく》と敏捷《びんしょう》と容姿と富裕と高貴において人並外れた資質に恵まれようとも、戦場での武勲抜群にあらざれば何の値打ちがあろうと筆にしているが、その際、これらの属性の一つ一つを別々の人物に例証して、次のように並べている。すなわちキュクロプスの図体《ずうたい》と膂力、トラキアのボレアスの迅速、ティトノスの端麗、ミダースとキニュラスの巨富、タンタロスの子ペロプスの尊厳、アドラストスの音吐《おんと》朗々、と。

いずれもがギリシア人にはおなじみであったらしいが、実例に挙がったすべては、あまり感心できない色合い《ニュアンス》を含むことに留意しよう。膂力が残忍な巨人族により、迅速がトラキアの蕃王により、端麗が眉目《みめ》うるわしきゆえに不死を得ながら見苦しく老いても死ぬを得ざる老醜の人により、尊厳が何だかぞっとしない家柄のタンタロスの息子により、音吐朗々が舌先三寸仲間を糾合《きゅうごう》して自分だけは生きのびたテーバイ攻めの七将の一人により、具現させられている。

そのような文脈において、富と言ったらミダースとほとんどおうむ返しだったことにも、何かしら否定的な含意がなくはなかったということなのである。

たといミダースを上回る金持ちだったとしても、しかるべき資質に欠けているなら取るに足りないとするテュルタイオスの気持ちは、その後の文筆作品に引用されるミダース像にも残響をとどめていて、たとえばプラトンでも、『国家』（Ⅲ. 408 B）には、「生まれついての病気持ちで不摂生な者は……たといミダースよりもっと金持であったとしても、治療を施すべきでない」とあるし、『法律』（Ⅱ. 660 E）には、「たといキニュラス王やミダース王より富んでいようとも、もしその人が不正であれば、みじめで悲惨な暮しを送る」と説かれている。

アリストファネスの『福の神《プルートス》』（前三八八年上演）には、「われら一同が金持ちになれるとは真実《まこと》であろうか?」というコロス（古代ギリシア劇の合唱隊）の問いかけに対し、後述する「王様の耳はロバの耳」の話にもかけて、「神々にかけてみんなミダースになれる、もしロバの耳さえもてば」(286—287) という半畳《はんじょう》が入るのである。

古典時代からは、いささか非難めいて想起されるミダース像が見出されるわけであるが、富んでいるそのことが詰《なじ》られているのではない。僭主《せんしゅ》とは、貴種ながら平民の不満を利用したりして、非合法に政権を得た者のことだけれど、もっぱら富が政治権力をもたらしたということ、つまりは政権の成立が、健全な正義にではなく、金銭だけに、またはある種、錬金の術だけに基づいていることが容赦し難いということである。

究極は私的な権力であり、さりとて世襲王権の人格的威信もなくて、たとい民衆に迎合して善政を施そうとも何かなじまぬ、所詮は非合法なものとして、ギリシア人はリュディア語を語源として、僭主 (tyrannos) なる呼称をことさらに造語したのであった。それをいかがわしとする感覚ゆえに外来語を借りたことと思われる。

ミダースを典型とする、かかる「王」というより「黄金僭主」が生み出されてきた条件とは、何であるか。その出生の秘密に、一つの象徴的な物語を著例として、まずは測鉛《そくえん》を下ろしてみることにしたい。

ギュゲスの登極

僭主なる者の嚆矢《こうし》が、前七世紀前半のリュディア王ギュゲスであることを語ってくれるのは、前三世紀の学匠エウフォリオンであったか。おそらくは前七世紀の詩人アルキロコスに、

　　吾れは黄金のギュゲスを嘉《よみ》せず……

　　吾れは大いなる僭主の政《まつりごと》を憧れず

とあるところから引かれたものと推測されている。

ギュゲスと言えば、直ちに思い浮かぶのは、リュディアの王座への、簒奪《さんだつ》にも似た彼の異常な登極である。

ヘロドトスの『歴史』巻一の冒頭近く（I.7ff）に繰り広げられる物語であるが、もともとヘラクレスを名祖《めいそ》とするリュディア王家のカンダウレス王に近習《きんじゅ》として仕える身であったのが、このギュゲスであった。

王は己が妃を溺愛していたが、格別目をかけて何ごとによらず打ち明けていたこの近習に、妻の容色を吹聴して、お前もこっそり忍んで妃が衣裳を脱いだところを目にしてみるがいいと言い出した。滅相《めっそう》もないと怖気《おじけ》をふるうギュゲス。しかし重ねての君命を遁《のが》れる術《すべ》もなくて、その夜、妃の

脱衣の光景を盗み見てから王の寝所を抜け出したが、出てゆく姿を彼女の視線が捉えていた。

妃は何喰わぬ顔をしてその場はやり過ごした上、夜が明けるや、ギュゲスを呼び出し、「そなたには今、進むべき道が二つある。……カンダウレスを殺して私とリュディアの王国をわがものとするか、さもなくばそなたは、この場でただちに死なねばならぬ」と言って、呆然たる男を、自分が殺されるか、主君を討つかの瀬戸際に追いつめたのである。かくて次の夜、妃に従って同じ寝室に忍び込んだギュゲスは、横臥した王を妃から渡された短剣をもって弑《しい》した。

こうして彼は、主君の妃と王国とを二つながらわがものにして、ここに王位は、ヘラクレス家からメルムナス家の一族へと移るのである。

もっとも武装蜂起した国民との話し合いの結果、デルフォイの神託に委ねることとなって、神託の承認の下、やっと即位は実現する。ただ神託には気になる付言があって、五代目の後裔にヘラクレス家からの復讐が下るとされたが、ギュゲスはものともしなかった。

黄金混酒器等々デルフォイへの莫大な奉納がなされたのはこのときのことであり、それがミダース王による献納以来初めての豪儀さであったことは前述した。

商人王とデルフォイ

とまれ王朝開基の説明として、ヘロドトスの筋立てはいかにもこの作者らしく、あまりに猟奇物語風である。具体相は藪《やぶ》の中とするほかないが、さて事柄の本質は何だとすべきか。

ここで一つ思いきった補助線を引いてみよう。『僭主政の起源《ジ・オリジン・オブ・タイラニ》』（一九六二）と題するユアの一書。重箱の隅を小心翼々突《つつ》くのではなく、いきなり事の核心をわし掴《づか》みにするような論である。むろん独断を頭ごなしに押しつけるのではない。むしろ王朝の裔《すえ》へと系譜を下って、その足どりからある経験則を取り出そうとするのが、この人の戦略と見た。

するとギュゲスにつづく前七世紀におけるこの王朝の歴代は、侵入するキンメリア人からの主に防衛という以外代わりばえはしないのだけれども、件《くだん》の五代目、クロイソス王（在位前五六〇頃―前五四六／五四〇）の代にいたるや、その登極の経緯からして雲行きは頗《すこぶ》る怪しい。

先代国王アリュアッテスの没後、王子クロイソスが王位を継ぐに当たっては、異腹の兄弟と玉座を争わなければならなかった。かくてリュディアの王権を掌握して後、彼がまずやったことは、敵方を財政的に支援したエフェソスの豪商を引っ捕らえて責め殺し、没収した資材をデルフォイに奉納することだったのである。

それ自体、奪権の過程として異とするに足りないが、ユアによればこの出来事は、その後ペルシアに敗れてキュロス大王（在位前五五九―前五二九）に臣従したクロイソスが、大王に与えたとされる助言――もとより虚構《フィクション》であるが――に照らして読み解かれなくてはならない。すなわち、大王としてなかんずく反逆を警戒なさるべきは、臣民のうち「最も多量に財宝を手中に収めた者」でございますという助言に照らしてだ。

　ハリカルナッソスの人ヘロドトスにとり、隣国の王者クロイソスに具現されたのは、前六世紀の賢明にして練達の支配者であった。富をもって権力基盤とするこの王様の考え方は、そうしたありかたを事実としてヘロドトスが信じていたからにほかならない。その証拠に、クロイソスによる父王の比類なく巨大な陵墓の建造をめぐる記事において、この学匠はなんと「これを造営したのは、商人や職人、それに春をひさぐ娘たちであった」といささかあけすけにさえ明かしているのだ。

　尾ひれの露悪趣味は度外に措《お》くが、クロイソスがどうやらいわゆる商人王だったらしい気配は濃い。デルフォイなどへの奉納の気っ風《ぷ》のよさをはじめ、浪費家の印象を与えるとはいえ、計画的な政策の一環でないとは言えぬであろう。なぜなら、ペルシア出兵の断を下そうとして神託を諸方に徴した際の莫大な奉献も、ひとえに神の恩寵を「買収」しようとしてのことだったと言えるからである。

　こうした行動様式に徴すれば、ギュゲスについても、王の近習としての身分があくまで前提であるにかかわらず即位をデルフォイの神託に委ねたのは、この聖所をあらかじめ買収してあってのことと見てよく、ならばギュゲスもまた商人王だったとして差し支えない。その王座を確保したのは、やはり富にこそほかならなかったのであるから。

　ギュゲスが小アジアに来襲したキンメリア人と戦ったこと、海岸沿いのギリシア植民都市へ折々に侵攻したことは事実に違いないにしろ、それが格別軍国主義だったという証拠はない。前者はもっぱら防衛的なものであったし、後者の動機はたぶん通商的なものであったろうから。僭主としての彼が目ざしたのは、もっぱらリュディアを往き来する隊商《キャラバン》のため商品の自由な販路を確保してやることであって、その兵力も主に南西小アジアはカリアの傭兵どもであった。

いずれにせよ異常な登極の直後、諸方へ彼は使節を遣《つか》わし、敵対的と目した者は滅ぼしたが、爾《じ》余《よ》の者は物質的支援とひきかえに己が傭兵としたわけである。

魔法の指輪の物語

ギュゲスの権力の起源に関し、同様の見方をおそらく確認できる手だてとして、プラトンの『国家』（II. 329 DE, 360 AB）に物語られる「ギュゲスとその指輪」についての有名な説話についても、ここに一言する必要があるであろう。

ギュゲスは羊飼いとしてリュディア王に仕えていたが、ある日、天変地異が起こり、牧場が裂けてできた大穴の奥に、指輪を発見した。

これを嵌《は》めて定例の集会に出席するうち、その玉受けを内側に回すと自分の姿が消え、外側に回せば再び姿が現れることに気づき、びっくりした彼は、王のもとへ使いとして赴くと、それを用いて王妃とまず通じた。その後、妃と共謀して王を弑し、王権をわがものにしたという部分は、ヘロドトスの記事と一致する。

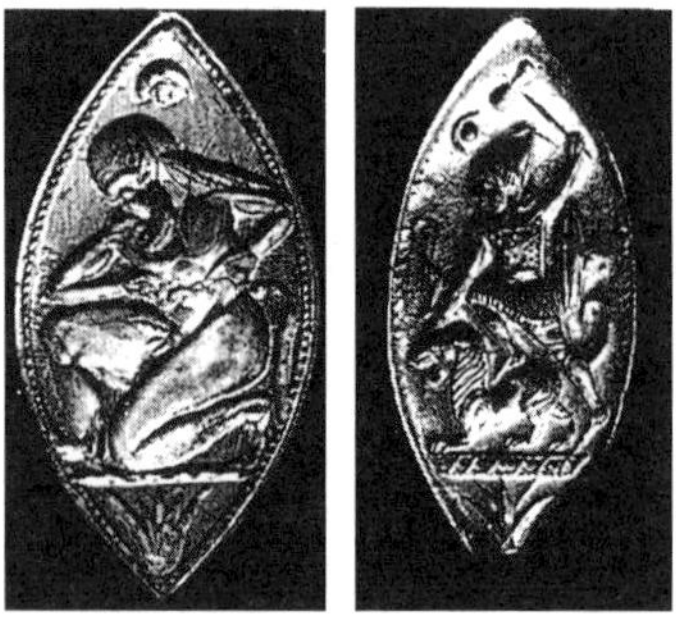

黄金の指輪　左はサテュロス、右は獅子を攻める神を表す

プラトンにおいての問題は、人がこのような指輪を嵌めたとして、それであらゆることが可能となるというのに、はたして何ひとつの悪事もなさずに正義たり得るかということであり、指輪の魔力自体の話ではないが、あえてこの部分に考察を掘り下げるなら、たとえば指輪の真の魔力は、それに彫り込まれた印章にこそ秘められている。これがいたるところへの通行証としても用いられる上、先に述べたようにこれを身に付ける仕方により、己が正体を顕《あら》わにもすれば匿《かく》しもする。G・ラデによれば、ギュゲスはカンダウレス王の家令となって、指輪はそうした権力の記章《タリスマン》にほかならなかった。それも即物的なそれとするのでは、まだ足りない。ギュゲスとその子々孫々が手に入れたのは、実は摩訶《まか》不思議な護符、すなわち「理財の才」だったのだとでも言えば、よりいっそう真実に迫り得るのではないだろうか。

魔法の指輪の物語に、そのような眼目がもしあるとすれば、主人公は必ずしもギュゲスである必要はない。現にプリニウス（二三／二四―七九）の『博物誌』（XXXIII. 4）には、ギュゲスにむしろ一世代先立つミダースの指輪としてそれが物語られている。記憶ちがいということはあろう。だが本来、実はフリュギアの国王の話として語られていた可能性だってなくはない。

いずれにせよ、ミダースとギュゲスには共通点が多々あった。ミダースの王国も、ギュゲスのそれと同様、貴金属では名声かくれもなかった。リュディアと同じくフリュギアも隊商路《キャラバン・ルート》の枢要な部分を抑えて、ミダースはギュゲス以上に黄金国王だったのである。己が触れることごとくが黄金になったという物語は、いかにもこの王者にはふさわしい。物語では、王がそんなまがまがしい力の束縛から遁れるためパクトロス河の水で身を浄めた結果、このあたりの人々は河底から垂涎《すいぜん》の的となるような夥《おびただ》しい砂金を手に入れるようになった。つまり魔法の力が王の身から河の水へと移ったとき、その所産により民を潤すことになったと言うことができる。

リュディアのメルムナス家が興る以前には、キュメこそが大隊商路の主たる終着点であった（のちになると、リュディアに友好的なギリシア人の植民都市エフェソスにより取って代わられるわけである）。またミダースも、先述の通りギュゲスと同様、デルフォイに豪勢な奉献（ないし贈賄）を行っていたのであった。

要するに、その巨富と、それを獲得し、かつ駆使する方途において、ミダースとギュゲスの間にはある連続性が認められることになる。それを象徴するのが魔法の指輪——権力の打出《うちで》の小槌《こづち》——という一事であろう。

黄金僭主と秘教神ディオニュソス　黄金僭主の人知れぬ魔力による権力操作。つまるところ、それは、集団的自然霊力《マナ》を吸収することによる自意識的な個性の自己主張であり、神からの分離なのであって、そのことが意識させられるとき、神との合一への強い願望は罪の意識となって、罰の償いが不可抗の要請として迫ってくる。

問題は、救済をこうして求める中にも個我が核として含まれていることであって、状況がバッコス、すなわちディオニュソスを相手として展開するとき、悔悛のテーマもそれなりの背景と奥行において照射しなおされなくてはならない。

なぜなら、コーンフォードも説くように、ギリシア多神論の認める神的な存在に関しては、元来二つの型が考えられるのであって、汎ギリシア的な公的国家宗教としてのオリュンポス神に対し、他方に教団《ティアソス》なる祭儀組織体の会衆を擁《よう》して崇拝者らと霊的に交渉する超社会的な秘教神、ディオニュソスなる存在が出てきたからである。

オリュンポス神学の基本原理は、人は本来、神ないし「不死」になり得ない、また神も人になり得ないというものである。

しかし、やがて前五世紀の民主政開幕にいたる動きとあたかも呼応するように、人間界は、不死にいます神々の平静とは裏肚《うらはら》の動乱へと突入してゆく。神・人それぞれ領分を限られて超えることのできなかった運命女神《モイライ》の境界線が、絶対ではなくなる中、姿を現した者こそは件の秘教神、荒ぶる革命児だったということになる。

ことにアテナイの場合には、折から僭主ペイシストラトス（前六〇〇頃―前五二七）が、専横なる貴族たちのオリュンポス信心を抑制する意味も込めて文化政策を展開し、それがディオニュソス信仰の風潮を促進した一面があったかもしれない。

　そのディオニュソスであるが、ディオニュソス教では、ゼウスの近親相姦によって生まれたザグレウスが前身であるとされる。この嬰児《みどりご》は、天地《あめつち》の発《ひら》けし初め、巨人《ティタン》らにより八つ裂きにされた。その際ゼウスの雷火が巨人どもを焼き滅ぼした灰《すす》から、人類が誕生したという。なおも哀惜措《お》く能わぬ天帝が、腹中におさめた亡児の心臓をもとに、人間界はテーバイの王女セメレの胎《はら》を借りて「死して蘇らせた」のが、新たに登場したディオニュソスにこそほかならない。

　先述の通り、こちらは半狂乱の信女《バッカイ》たちを中心に教団の会衆を引き連れ、生肉喰《ぐら》いの祭儀――国家的な燔祭《はんさい》（生贄《いけにえ》の動物を祭壇で焼いて神に捧げる儀式）の裏返しだ――の陶酔に我を忘れる。けだし原古のより野蛮な供犠《くぎ》の痕跡が窺《うかが》われるが、狂躁の高揚と歓喜のうちに有限と無限、人《ここ》と神《かしこ》の境はたちまち無化されて、死者も含めた教団結社成員それぞれが神と一体化する。もっとも恍惚から覚めれば、戻ってくるのは日常的現実であり、逆説的な禁欲に帰結するのだけれども。

　ともあれ古典時代からさして遡らぬ時代に、霊的なかかる猛火が全ギリシアを震撼《しんかん》させたことになる。

オルフェウス教と個我の救済　オルフェウス教が、根本での相違にもかかわらず、ディオニュソス教の変形であり革新であるとさえ言われるとき、そこにはどのような意味が込められているのであろうか。ディオニュソス、オルフェウス、ピュタゴラスという三つの層にわたって、不断の革新であり復活であった神秘神の足跡を辿ってみよう。

オルフェウス教の眼目は、神々と横並びに自らも神性ありとして、死後の至福を得ることにある。ギリシア神話では、人々は死ぬとあの世にある忘却の川レテの水を飲み、転生する前に前世の記憶を忘れるとされた。オルフェウス教徒は、魂の永続性を失い肉体のみが蘇るこの転生の円環から解放されようとする。そのため、死の訓練として禁欲を行う。また、国家により公認されたオリュンポス系宗教が行う供犠への同調を拒み、生贄を否定し香に替えた。

このようにオルフィク教は、個人の禁欲を中心とした霊的な救済に発するとされるのだが、今ひとつには、天体、なかんずく太陽についての蒼古たる崇敬の復活とも考えられる。

朝まだき、パンガイオン山に登って日の出を待ったというオルフェウスに待つまでもなく、星辰《せいしん》崇拝がギリシア草創期の人々に認められたことは、プラトンも述べているところなのだが（『クラテュロス』397 c）、ペルシア宗教との類似性は、この際、見落とすことができぬ問題の鍵なのではないだろうか。「ペルシア人は偶像をはじめ神殿や祭壇を建てるという風習をもたず、むしろそういうことをする者を愚かだとする」と書いているのはヘロドトス（『歴史』I. 131）であるが、ペルシア人は神を人間と同じ性質のものとは考えず、高山に登って天空に供犠を挙行していたのである。六世紀イオニアのギリシア人への、ペルシアの直接的影響を認めるにせよ認めないにせよ、少なくともオルフィクの徒は、おそらくペルシア戦争以前から、同様な天空崇拝の復活を代表していたものと考えられる。

なぜならその教説によれば、人間の魂は、星晨からこの地上の肉体という牢獄の中に落下したものであって、いわば原罪による神界からの追放は、地上の生活と地下の国での浄化によって償われなければならない。誕生ないし生成の輪にこうして捕らえられた魂は、動物や植物のうちをさえ経巡らなくてはならないのだが、一万太陽年という「大いなる歳《アンヌス・マグヌス》」の終わりが来れば、完全さと神性を再び得て、綺羅星《きらぼし》輝く天空へと立ち還ることができた。

「再受肉《パリンゲネシアー》」と言われた教義であるが、そこには微妙な、しかし決して軽視できぬ、ある差異が見出されるのではないだろうか。つまりペルシア宗教の原始的信仰では、涯《は》てしない循環のうちに一切の生命が、地下から白昼の光のうちへと移っては、また闇に帰ってゆくと信じられていて、人間は、結局のところ天上ではなく、地上に属している。死後の存続がないとすれば、いかなる救済もないであろう。

ところがオルフィク教など後代の教えでは、天体の循環に関するバビロニアの天文学説にたぶん基くのだろうか、地上での年ごとの循環から、むしろ「大いなる歳」といった星晨の周期性へと焦点が移っていった。つまりは再受肉の古い周期の上に新たな周期律が重ね合わされたのが、オルフィク教だと言ってもよかったのではないか。

肉体は地上的なものでも魂は星輝く天空から来たのだとする見解は、むろん魂の不死性に関してのディオニュソス教に由来するのだが、オルフィズムでは、特に個々の魂の永続性に焦点が合わされていて、その救済のための浄めの儀式にわけても没頭したのである。

オルフィク教の段階になると、自意識的な個性が魂を次第に覆って、酒神祭的恍惚の中での神との直接的合一も、徐々に安易なものではなくなっていった。かくてその正義の道は、長く苦しい一途の儀礼様式となっていったわけである。だから他方で堕落現象も不可避となり、入会《イニシエイション》という形ばかりの礼典の空虚な遵守に堕す者たちも当然出てくるのであるが。

けだしオルフィズムがとりわけ盛んだった前六世紀から、やがてポリス興隆期を経てそれの解体へと移りゆく社会的変動期に、救済を求める個我の罪意識は、内面的となる前にまず外面的・身体的な姿を呈した。社会悪に対し、ともすればこれを個人の直接犯した罪としてよりも、本来清浄なる個人の内面に、外から付着した穢《けが》れや汚染として見もしたことであろう。

従って穢れへの浄めが求められる場合にも、内面的な償いの意志はさして働かないから、呪術的な浄めの外的儀式が公私を問わず執行されて、オルフェウス教祈祷師が横行したりするのも自然だったのである。

ただ神秘的気質の者にとっては、なお霊感に満ちたものが背後に残るのは想像に難くなくて、新たな予言者が信仰の火を再び点じようとすれば、よりいっそう深遠なる意味において、古き形式が新たに蘇ることであろう。その者こそはピュタゴラス（前五七〇頃―前四九六頃）である。日本では主に数学者としての面が知られるが、彼が創設した教団においては、オルフェウス教の流れを汲みながらも、儀式に代わり、音楽や哲学こそが浄化の新たな正義の道となったわけである。

ピュタゴラス主義とは、畢竟《ひっきょう》、オルフィズムの内容を知的にしようとするもの、行きつく先は神秘主義から科学（また数学）への移行であって、そこまでゆけば、オルフィズムももはや祭祀ではなくして生活法となるであろう。

この連中により復活させられたディオニュソスは、神人の衣をまとった実は正気のディオニュソス、何とアポロン化したディオニュソスなのであった。一群のサテュロスどもを引き具した昔のそれではなくて、狂乱の信女《バッカイ》たちよりむしろ詩女神《ムーサイ》がたとこそ、いっそう心安らけきオルフェウスだったのだと言ってもいい。アポロン化と言っても、オリュンポス宗教への復帰という意味ではなくて、よりいっそう原古なる根源的位層へと立ち還ろうとするものであった。

ディオニュソス教、オルフェウス教、ピュタゴラス教、これらの革新や復活、いずれもが究極はアーケイックな地平への立ち還りを新生への発条《ばね》としてきたことを考察したが、かかる文脈にミダース王の説話における悔悛のあの系譜をあらためて置きなおすとき、どのようなことが見えてくるか。

　自意識的な個性の胎動をすでにして孕《はら》んだ過渡期の時代風潮に限定されつつ、底辺ではその限定を乗り超える無時間的な起動因が常に背中合わせになっていたことを、この物語は、酒神《バッコス》やオルフェウスを添景とすることで、はからずも暗示していることになりはしまいか。内面化の深度が物語の展開に自ずと測られることは言うまでもないとしても、ロゴスからミュートスへ、ミュートスからさらにそれ以前へと裏返しに遡るこの探究は、説話の解釈にも無限の可能性があることを示唆するところがあるであろう。

　ギリシア人のすぐれた思想的達成を、ロゴスへの途《みち》として祭り上げる大方の古典学者の常套に反して、むしろ哲学から宗教へという裏返しの方途を模索するコーンフォードを導きの星とした所以である。

　ただフレイザーやJ・E・ハリスン（一八五〇―一九二八）、――またオクスフォードのギルバート＝マリー（一八六六―一九五七）も含めるが――を源流とする、いわゆるケンブリッジ－グループが、現在では歴とした名誉市民権を得ていることは、忘れず付言しておかなくてはならぬであろう。

　触れるものことごとくが金になる。――これはある意味では、錬金術的現象でもあるのではないだろうか。かかる摩訶不思議を現ずる者が、たとえば黄金のミダースであり、総じて古代の僭主なる者であるとすれば、僭主という現象につき、歴史的鳥瞰《ちょうかん》をここで試みておくことも、あながち無益ではないであろう。

三　僭主《タイラント》の条件

前七・六世紀は、多くの観点から世界史上、最も注目に値する時代の一つであった。

実業家としての僭主

疑いもなく、ギリシア民族最高の達成は、引きつづく二世紀間のことに属する。けれども、「ギリシア精神」とか「ギリシア人の天才」とかという言葉で示されるすべては、先立つ世紀に誕生したものだったのである。つまりはギリシア人の植民時代ということになるが、正確に言えば、肥沃な土地を求めてのもっぱら農業植民だった第一期（前七七五—前六七五頃）よりも、むしろ後背地なき在外商館の網を広げようとする商業植民を主とした第二期（前六七五—前五五〇頃）を、この場合は対象にすることとしよう。

結論を先に言えば、金属貨幣の発明により、ギリシア人ならびに半ばギリシア化した隣接のリュディア人が、商業史の全過程で最も画期的な革命を成就した、それこそはこの時代の幕あけだったわけである。

前七世紀初頭、リュディアの新王朝メルムナス家は、主都サルデスを世界史上最も枢要な貿易センターの一つへと盛り立てた。その立役者がギュゲスという僭主《せんしゅ》の嚆矢《こうし》であった。僭主《テュランノニス》の語源がリュディア語で、ギリシア人から見たそのいかがわしさゆえの蔑称であることについては先述した。つまりは得体の知れぬリュディア商人が、遙か東方との交易を、イオニア海岸のギリシア植民者たちに仲介していたという構図だったのである。

アッシリア勢を駆逐して久々に統一王朝（第二六王朝、前六六四―前五二五）を取り戻したエジプトも、当時は最後の栄耀《えいよう》を誇った時期で、ギリシアを含む近隣との通商を主軸として、華々しく交流を展開し始めていた。フェニキア人・ギリシア人らの貿易商が、クリミアの奥地からイスパニアの涯《は》てにいたるまで、四方八方へとその物産を運んでいたのも、かかる時代の波に乗ってのことであったことは申すまでもない。

それどころかこの頃、並外れた知的覚醒があって、タレス（前六二四頃―前五四六頃）をはじめとするイオニアの自然哲学者らの輩出が目覚ましかったわけだが、彼らとて同時代の商人・工匠と実は密接不離で、重なる部分さえあったのである。たとえばタレスにしても、農地での自然観察から大豊作が予想されたとき、あらかじめ搾油《さくゆ》機を買い占めることにより、何と一身代築き上げてしまったのだ。現代の投機師そこのけの、生き馬の目を抜く仕儀ではないか。

このような環境に花開いたものこそは僭主政だったのであり、ここではひとまずその通念的な枠組みを呈示しておくことにしよう。

古代史研究における共通理解によれば、僭主政は前期と後期に大別される。前期僭主政は大雑把《おおざっぱ》ながら前七・六世紀を中心とする——植民時代第二期に当たる——商業的な側面の強いそれであるのに対し、僭主の輩出がたまたま見られなかった中間期（前四六〇—前四〇六）を間に挿《はさ》んで、それ以後——ほぼペロポンネソス戦争終幕頃から——のそれが、後期僭主制であるとされる。

先に後期僭主政について簡単に触れておくと、その舞台は民主政の衰退期に入ったポリスであって、民主主義の所産でありつつ、民衆よりかは傭兵に頼るといった性格の軍事独裁政となることが特色であった。プラトンの書簡で名高いシュラクサのディオニュシオス父子（前五—前四世紀）あたりがその著例であろう。この時期には大商人や企業主も、奴隷労働への全面的依存の姿勢を次第と示すようになるのであって、アテナイの政治家ニキアス（前四七〇頃—前四一三）などは千余の坑夫を使役している。

奴隷とは富の一形式に過ぎなかったが、政治的には人間としての彼らの影響なしには済まないから、ことは生臭くならざるを得ぬ。つまり大票田として、これを僭主が意のままにすることもあり得たということである。暴君的な色彩の濃い、非合法な権力の行使であって、僭主がしばしば独裁者として語られるようになる一因ではある。だがこの問題については深入りしない。我々の問題はあくまで前期僭主政のそれだからである。

前期の僭主政についてはは、あいにくと史料的には甚だしい制約がある。同時代的な言表としては、ソロン（前六四〇頃―前五六〇頃）ならびにテオグニス（前六世紀半ば頃）という二人の筆者からの断片が現存するに過ぎないからである。それも前代のギュゲスの事例などを、のちの前六世紀から振り返ったもので、周知の内容に触れているというだけでしかない。問題の本質の闡明《せんめい》などは期待する方が無理であろう。

　ただ僭主たちがその権力を、先立つ彼らの富にこそ負っていたことへの示唆だけでも、その意義深さは万金に値する。そうした富に対し、それらの史料においては警告が発せられているのであって、門地が威信を失う世の中に富が前代未聞の力を得てくる、そんな渦中から僭主が出てくることに、神をも惧《おそ》れぬ不遜《ヒュブリス》を嗅《か》ぎつけて、これを危険視するわけである。

　一言もってこれを尽くせば、僭主は実業家《ビジネスマン》でもあったということであって、買い占めをはじめ投機家的な相貌を帯びることも少なくない。貿易や産業を致富の足場とした僭主らは、労働力を組織する大雇用主でもあった。これがやがて前五・四世紀へと時代が下れば、鉱山開発など大々的な奴隷労働による経営者へと変貌しゆくことであろう。

鉱夫の作業

　それは自由労働が失われゆくことを意味するのだけれども、再び前代へと話を戻して、この点に注目すれば、ソロンにおいては、筋肉労働とか手仕事とかに精出す人々、総じて働く市民に対し、軽侮の念はいささかもない。それは、ホメロス描くところの英雄時代からの伝統であった。「壮麗な邸で当主自らが……工匠たちと力を合わせ」たり（『イリアス』Ⅵ. 313―315）、王女が「衣類を河へもっていって洗」ったりしている（『オデュッセイア』Ⅵ. 52 f）そんな昔ながらの生きざまである。

　こうしてソロンなどは「市民を技術の習得に向かわせ」たし（プルタルコス『英雄伝』「ソロン」XXII）、「商売のために一家を挙げてアテナイに移住した者」には惜しみなく市民権を提供した（XXIV）のであった。それゆえ彼の立法ののち十幾年か経って、一〇人の執政官《アルコーン》を貴族と農民と職人から選ぶことになった際にも、二人は職人から出すこととされたのだ、とアリストテレスは『アテナイ人の国制』（13）において伝えている。

　そう言えばこの哲人は、前四世紀になってもなお僭主政に対し、必ずしも偏見は抱いていない。前六世紀アテナイの大僭主ペイシストラトスについても、「彼はその政治において……決して大衆を悩ますことなく、常に平和を促し、静謐《せいひつ》を維持して……正にクロノスの生活」（『アテナイ人の国制』16）と絶讃しさえするのだ。もとより讃美するのは、その体制をでなく、僭主その人のたまたま優れた資質をなのだが。

手仕事の貶視《へんし》

手仕事が貶視を招くようになるのは、では、いつ頃からのことであるのか。

ヘロドトスには、輓近《ばんきん》の趨勢として、「職業的技術を習得する者たちとその子孫を他の市民よりも下賤の者と見なす」悪習にギリシア人の染まったことが述べられている（『歴史』II. 167）。

プラトンは、初期の『ソクラテスの弁明』では、ソクラテスをして職人を政治家・詩人等々と比肩せしめている（22 c–e）のに、晩期の『法律』にいたるや、「この国の市民は誰ひとりとして、職人の仕事に従事してはならない。……家僕も同様である。何故なら市民たるものは、国家公共の秩序を確保し維持する」（XI. 918）仕事を持っているのだから、といった話になる。

商売などは、すべて品性卑しいとされるし、貿易も要するに金儲けで、それの栄えるところ金銀の貨幣で満たされ、「国家が高尚で正しい品性を身につけるための禍としては……これ以上に大きいものはない」（『法律』IV. 705 b）。

アリストテレスにも同じものの見方が一再ならず反映していて、「市民たる者、俗業民的な生活も商業的な生活も送ってはならない」（『政治学』VII. 1328 b）と言うかと思えば、農耕民や職人ども、また日傭《ひよう》取りも国に是非必要とはいえ、真に国の部分となるのは、戦士と議員だ（VII. 1329 a）などと弁じたりする。

僭主に使われて働く立場から閑暇《スコレー》ある自由民の生活へという、労働観の一八〇度転換は、何がきっかけだったか。

少なくともペルシア戦争は、多数市民を独立不羈《ふき》にしたことであろう。たとえば民衆陪審員のため手当てが支払われたり、民衆の給養がすすんだことは、健全な市民らを労働の必要から解き放つことになった。

これがペルシア戦争の究極の成果なのかもしれないけれども、ペロポンネソス戦争はこの過程の仕上げとなったのではなかろうか。四半世紀にまたがるこの戦争の間（前四三一―前四〇四）に、数多度《あまたたび》の軍事行動は、労働市場に深刻な混乱をもたらした。従軍する自由民のため、奴隷たちがあらゆる場面で肩替わりせざるを得なくなったのである。打ちつづく征戦は、闘う者どもの間に、代わりばえもせぬ日常の営々たるいそしみを嫌悪する気分を培ったに違いない。

前記の『福の神《プルートス》』でも、貧乏神が登場して、福の神による平等なご利益《りやく》の分配に抗弁するのは、そうなれば召使いに売られてくる者もなくなって、自由人が「自分でやむなく畠を耕し、土を掘ったり、その他さまざまの骨折りを」する辛い羽目となるからである（500―525）。そんなことなら誰だって、手仕事に復帰するより、最果ての戦地での軍務に活躍の場を見出す方を選ぶであろう。

要するに、自由と独立への市民の情熱は、人の頤使《いし》に甘んずるあらゆる職業に対する軽蔑と嫌悪になって、その拒む仕事――鉱山や石切場での愉快ならぬ労働など――を、いよいよ増大しゆく奴隷人口に押しつける。かくて市民は、働くそれらの人々を、閑暇《スコレー》なき、ということはつまり、知識とも経綸とも体錬とも無縁の賤民として見下すようになるのである。

古典期ポリス社会＝後期僭主政時代の典型的な光景であり、プラトン以下の哲人たちを無意識裡《り》に捉えていたのも、かかる先入見にこそほかならないのだ。市民が大手を振って、職人や商人であり、肉体労働者でもあり得た前七・六世紀と何という違いであろう。

先進文化圏リュディア

もとより古典期とて、市民なる工匠や農業者がいなかったわけではない。だがその場合は、個人的な小事業として営まれたりするのが普通であって、それに対し前期僭主政が展開したのは、比較を絶する大規模な産業の編成であった。後世のような奴隷の大量使役ではなく、あくまで自由民なる内外の働き手を大々的に組織したのが、前期僭主政の特徴である。たとえばサモスの僭主ポリュクラテス（在位前五三八頃―前五二二）は、熟練工を最高給をもってアテナイやミレトスなど国外から招致しているし、コリントスの僭主ペリアンドロス（在位前六二五頃―前五八五頃）は、「市民が奴隷を手に入れて怠惰にくらすことを禁じた」（『ギリシア刻文集成』Ⅲ. 393）。

画期的なその国家経営および国際通商活動をすすめるためには、むろん、貨幣流通の進展とも絡み合うところがなくてはなるまい。

貨幣の発明がリュディア人のお手柄だとするのは、もちろん、誇張には違いない。進展させたと言う方が正確であり、発展過程の最終段階で頭ひとつ先を行ったという意味で、ある発明があったと主張し得るに過ぎぬであろう。

ギュゲス（*a*）とクロイソス（*b*）の貨幣

リュディアがギュゲス以来、政治的に興起するのは、まさにフリュギア王ミダースの没落を契機にその繁栄を受け継いだものであって、従って僭主としての先輩格はむしろミダースであり、証跡はなくとも貨幣史の一こまにフリュギアが登場していなかった筈《はず》はないということである。でなければ、どうして黄金のミダースが寓話の主人公とすらなるのであろうか。もっぱらそれが寓話でしかない科《とが》は、ギリシアの著作家たちのいずれ劣らぬ経済的関心の稀薄さによるところであろう。貨幣を最初に鋳造させたのはキュメ王アガメムノンの娘デモディケであり、ミダースと結ばれたあとのことであったらしいという説もあるのである。

アナトリアは、鉄鉱床に関しては、初期鉄器時代の到来以前にすでに幾百千年にもわたり名が轟いており、時めぐってリュディアの富も、ギリシア人に深く印象づけられるところであった。

たとえば、神像建立のため黄金の買い付けにやってきたスパルタの使者に、クロイソスは無償でそれをくれてやったという。また、デルフォイの神託を伺《うかが》いにギリシアに派遣した使者たちが、アテナイの名門アルクマイオン家に客となって歓待されたというので、同家の当主をサルデスへと招いたクロイソスは、体に付けて一度に持ち出せるだけの黄金を引出物にしたとさえいう（ヘロドトス『歴史』I.69）。

だがそれ以上にリュディアの黄金が発揮した神通力は、影響関係に否定的な説もあるようだが、ギリシア人の住む土地々々に貨幣鋳造の幕を切って落とさせたことであった。これについては、エフェソスのアルテミス神殿に発見された埋蔵金などが、重要極まる情報源となるかもしれない。それらはすべて白金《エレクトルム》（金と銀の合金）なのだが、リュディアはたしかに白金の豊庫で、サルデスを貫流するパクトロス河でも容易に砂金を選り分けられるほどだったのである。

リュディアの文化に関しては、サルデスの発掘などにも多くを期待しなくてはならないのだが、実にリュディアは、当時、奢侈《しゃし》と快楽と、それから恐ろしげな軍隊の本場だった。ギリシア人に及ぼしたその影響は、軟弱の風を助長するとして非難されたりもした。つまりそうした黄金のサルデスへと、あたかもチャンスと富のハリウッドを目ざすごとく、ギリシアの乙女らが吸い寄せられて、サロンに花を添えたりした。それを嘆くのは女流詩人サッフォー（前六一二頃―？）にとどまらない。音楽上の新風や目新しい屋内遊戯などをギリシア人のもとに吹き送ったのも、フリュギアと並びリュディアであったと伝えられるし、七弦琴が面目一新してギリシアにお目見えしたのも、同様だったのではないだろうか。

サルデスが、イオニアのギリシア植民諸都市にとって、情け容赦ない力の行使を辞さぬ強敵であった一方、文化交流に関しては、ギリシア人にとり、フリュギア・リュディアがいかに都雅《とが》なる先進地帯であったかは、この一斑をもってしても推し測られることであろう。

メディチとペリクレス

金属資源の開発と、新たな貨幣の導入などによる金融・貿易両面での経済覇権と、政治的、はた文化的興隆、このような状況は、遙かに時代は下がるが、ルネサンス盛期のイタリア都市を想起させる。

特にフィオリーノ貨でつとに名をなしたフィレンツェなどは、代々すぐれた銀行家、抜け目ない商人としてヨーロッパ内外に通商網を広げたメディチ家が、一介の金融業者ながら政治的にも支配権を振るって、その奇観はまさに、古代サルデスの繁栄を髣髴《ほうふつ》とさせるものがあったとでも言うべきだろう。表向きあくまで共和国なるフィレンツェにおいて、無冠の帝王と囃《はや》されるコジモ＝ディ＝メディチ（一三八九―一四六四）こそが名目上の民主政の下における実質上の独裁者だったのは、古代の僭主を思わせる。しかもどす黒く渦巻く政争の嵐にもかかわらず、絢爛《けんらん》たる学問・芸術の光輝だけは紛《まご》うかたもなかったのである。

ボローニャでは絹織物業者などが主座を占めたり、高利貸しが独裁権を得たりしているし、ピサでも最高権力を掴《つか》みとったのは、商人の徒党にこそほかならなかった。僭主政の光源として大いなる富の力があったことの、時代を超える証左とはなるであろう。

ともかくもそのような富を足場としての巧智を極める民衆支配、そこに僭主の苦心があり、本領が存する。アリストテレスも、「日々の仕事に忙しくて謀反する暇もないようにすることは僭主の策である」（『政治学』V. 1313 b）といった認識を示す。

僭主政維持の方法としては、さらにコリントスのペリアンドロスの工夫として、「秀でた者たちを刈り取り、思い上った者たちを片づけること」や、すべての人々の相互の理解を妨げること、密偵や密告奨励のことまで暴露しているが、他方、プルタルコスの『英雄伝』における「ペリクレス」には、時代はやや新しいが、このアテナイの政治指導者（前四九五頃―前四二九）が、国民への教示として、「あらゆる種類の企業が……あらゆる人手を促し、市民のほとんど全体を賃金所得者とする」べきだとし、「卑しい職人大衆も……所得にあぶれないよう取り計らって、大規模な建築事業の構想」などを民会に提出したことが述べられている(12)。

その上で使役の恩恵に与《あずか》った各職種が、大工・彫塑師から始まって、靴屋、道路夫、鉱夫にいたるまで列挙されるが、その流儀は僭主の施策以外の何ものでもなくて、ペリクレスはペイシストラトスの新版だと世間で取り沙汰《ざた》される所以《ゆえん》となっているのだ。ペリクレスが実はこの僭主の好敵手アルクマイオン家に属していたことに鑑みれば、いささか皮肉な取り合わせではないだろうか。

いずれにせよ、軍事独裁的な僭主に先立つ二世紀前には、実業家的な僭主が才覚を振るっていたのであって、僭主政治が挫折するのは、その政策が財政的に行き詰まるときであった。

金で釣るかたちでの、手を替え品を替えての民衆懐柔、そもそもそうした平民の人気を梃子《てこ》に野心家が貴族を倒して政権を乗っとったのが、僭主の政治というものである。

その胎内で平民は成長し、その限りで民主政の成立に寄与することにもなった僭主政治が、ほかならぬその平民の欲望と、過剰な期待を満たされぬ憤懣《ふんまん》により覆《くつがえ》されることになるのは、政治力学のしからしむるところと言うほかはない。僭主政が多くは二代ぐらいで、一〇〇年経つか経たぬかに転覆するのも故なしとはしないであろう。もっとも現実に政変に貢献するのは、平民そのものよりかは、政敵の貴族とか、外国の武力干渉による場合が大半なのだけれど。またその結果直ちに民主政になるかと言えば、そうは問屋が卸さないのが通例なのだが。

とまれ、世界史の一隅に、憧着を孕《はら》む僭主政なる徒花《あだばな》が、時勢の曲がり角で乱れ咲く一時期があったことは、いかに強調しても強調し過ぎることはないであろう。

僭主の条件というものがあるのであろうか。むろん一義的には提示し得ない。スパルタのように実際上都市人口を欠くところでは、実用的な貨幣の鋳造もなく、産業・貿易は後進性を免れなくて――テッサリアやボイオティアも同様だが――従属民をはじめ、いずれも奴隷的な農業民が主力だから、ここでは僭主政の出てくる余地はないが、それでも時に独りよがりの軍事独裁者が突出したりもする。

また僭主政の花ざかりにも、ギリシア人の内心には、単なる富への永続的な服従だけは命を賭しても拒もうとする、最後の一線があったことも事実なのだ。

実業家的な僭主の、事実上民主的な合理的支配を受け容れつつ、しかもそれを嫌悪する自己矛盾、割り切れぬ愛憎のアンビヴァレンスのある限り、経済史的観点のみが過大視されてはならぬであろう。そうした屈折とは一見無縁と見える、フリュギアやリュディアの僭主の屈託のない物語から、我々は何を読み取ることができるであろうか。

指輪の解釈

ここで例の魔法の指輪に関する話を再び辿《たど》りなおしてみよう。詳細を述べれば、羊飼いの少年ギュゲスが、大雨のあとの地震で牧場にぽっかり開いた穴に入って目にしたのは、ブロンズ製の馬であった。それが空洞になっていて、中に大きな屍体《したい》がある。その指に付けられていたのが件《くだん》の指輪だったのである。

大地の割れ目に埋められた人間ならびに黄金が見つけ出される話は、アリストテレスの『聞こえるものについて』(45, 47〔8336〕)にも顔を出す。この場合は、パイオニアとかピエリアといった著名な北方の鉱山地帯が舞台なのだけれども。「指輪とか黄金が地面から出てくる」といった話が鉱山地帯に通有なのは、鉱物資源の豊富さこそが、僭主の財政基盤であることを象徴しているのだとすれば、ギュゲスの話は必ずしも荒唐無稽《むけい》ではない。

トモロス山での採鉱の最初は、いつの頃のことだったのだろうか。これについてはストラボンの『世界地誌』に、掘り尽くされて当時は廃墟となった鉱床のあることが、報じられているに過ぎない(XIV. 681)。だが、もしか「ギュゲスやアリュアッテス、クロイソスの富がリュディア地方にある鉱床やアタルネウスとペルガモンの間の地方から産出」したと言われている通りであるなら、遙けくもギュゲスの昔から採掘が行われていたことになる。

　主都サルデスに遠からぬこの鉱山は、リュディア人がパクトロス河の黄金の流れを辿り辿ってそこを目ざせば目ざすほど、いよいよ看過できぬものとなっていったであろう。けだし自然金として産出する「山金《やまきん》」と、河床へ運ばれる「砂金」という二種の金が、そこで交差していたということである。

　うち砂金の採収法について述べれば、これにも二つの種類があって、一つは、水を入れた浅底鍋または鉢に重い金を沈澱《ちんでん》させる原始的な比重選鉱法、今ひとつは、底に襞《ひだ》か桟《さん》のある長い樋《とい》をつくって、金を含む砂をそこに水で流し、金だけ底に残るようにする淘汰《とうた》法とである。『アルゴー号冒険譚』での金羊毛皮は、樋の底に油脂を塗ったり動物の毛皮を用いたりして砂金を集めた採収法に結びついたものなのである。

　トモロス山では、鉱石としての錫石《すずいし》（酸化錫）が風化して河床に押し流されたものが、砂錫《さすず》として採収された可能性もある。銅と錫の合金が青銅《ブロンズ》であることを考えれば、無視し得る話ではない。銅・錫ともに産しないギリシアに比し、アナトリア高原は昔からそれらの宝庫であった。堅い金属《ブロンズ》を産み出す冶金《やきん》革命にはお誂《あつら》え向きの舞台で、さぞかしギリシア人には垂涎《すいぜん》の的であったであろう。

　資源に加え技術的裏付けがさらに加わるとき、たしかにリュディアは、異質ながらも僭主政の羨望すべき故郷だとして、ギリシア人にとりわけ深く印象づけられたとしても、不思議ではなかったのである。

先に、ギュゲスが身に帯びた魔法の指輪の、アラディンのランプそこのけの神通力を、要するに王家の家令としての権力を示す記章《タリスマン》が秘める力なのだとする――さらには僭主とその代々の「理財の才」を記号化したものだとする――象徴的解釈を示したが、僭主政の権力基盤としてのアナトリアの鉱物資源や冶金技術に注目した今、件の指輪それ自体を、記号や象徴としてでなく、端的に金《かね》そのものとして即物的に解することはできなかろうか。次に述べるように、古銭学が無造作に突きつけてくる意外な事実は、我々の目から鱗《うろこ》を呆気《あっけ》なくも落としてくれるのである。

貨幣としての環

単刀直入、指輪《リング》は文字通り現金であった。正規の鋳造貨幣が導入されるまで、貿易は世界の大部分で、特定重量の環《リング》によって盛んに行われていたのである。『旧約聖書』の『創世記』では、「鼻環一箇と重さ一〇シケルの金の手釧《うでわ》二箇」（創二四：二二）という具合に、それこそ個別の環が、ラクダの隊商《キャラバン》にまつわって語られている。

そうした用途での環については、前二〇〇〇年紀にまで遡る証拠が多いが、最も古い時代にこれが風靡《ふうび》した地域のいくつかはリュディア絡みで、エジプトはギュゲスの同盟国だし、ヒッタイトはその交易網をフリュギア・リュディア一帯に広げていた。またトロイアも、どうやらギュゲスの領土の一部だったらしいのだ。たぶんリュディアそのものにおいても、新たな打刻貨幣により取って

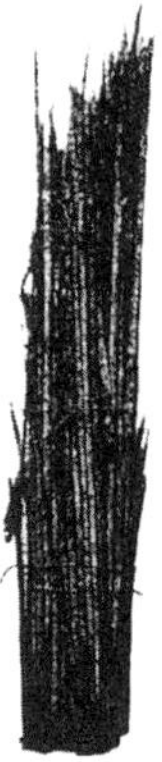
「串の束」貨

代えられるまでは、環が流通していたのであろう。

アルゴスでは、打刻貨幣に対し、串状金属なる貨幣が先立つ。リュディアの最古の貨幣が「指輪《ダクテュリオス》（daktylioi）」と呼ばれているのは、アテナイのそれが「串《オベロス》（obeloi）」とか「（串）一つかみ《ドラクマ》（drachmai）」とされ、ローマのそれが「板《アース》（asses）」とされているのと、そっくりそのままである。

ギリシア語の貨幣単位を表す語である「ノミスマ（通貨）」なる語が、打刻貨幣の導入以前のものについても用いられたか否かは確証がないが、おそらく打刻貨幣の普《あまね》く迎えられたそのことが、逆に「法慣習《ノモス》」の語から「通貨《ノミスマ》」なる語を生み出すことになったのであろう。

リュディアの「ダクテュリオス」が消滅してしまったのに、「オボロス」とか「ドラクマ」とか「アス」とかが生き残ったのは、リュディアとアテナイおよびローマの史的消長の相違から説明するほかないのではなかろうか。

押印と印章

ところで魔法の指輪に関し、以上の謎解きでまだ言及していない肝腎な一点がある。すなわち、プラトンに語られるギュゲスの指輪の印章は、押印《スファルギス》（sphargis）であるということである。ギリシア人の場合、指輪には押印が取りつけられるのがふつうであった。

貨幣とは、突きつめて言えば、押印された金属片のことだった。すなわち、あらかじめ目方を量って一定の規格に合わせた白金塊《エレクトルム》の上に押印することが、最も素朴なかたちの造幣《かねづくり》にほかならなかった。表面に線刻しただけの貨幣が甚だしく稀少なのは、原始的なこの段階がそれほど長続きしなかったからであろう。

その押印が都市の守護神のそれだからというので、あらゆる貨幣の宗教的起源を論ずる向きもあるようだが、これには与《くみ》すまい。ならば国家とか国王とか、政務官とかのそれかと言えば、必ずしもそうではない。原初の貨幣の私的性格を無下《むげ》に拒む要もないのであって、前五―前四世紀に「公印をもって」と押印された公的資産などは、逆に私的押印の存在を暗示している。

古代人は、酒壺にも煉瓦《れんが》にもタイルにも刻印している。伝存するそれら無数の刻印のうちには、都市の表徴とか政務官の名を表したものも、当然、少なくはないであろう。だがしばしばそれらはまた作成者の名を刻してもいて、否、さらに検討がすすむならば、刻印者が私的所有者であることも判明するのではないだろうか。政務官名などは、単に任期で年代を示すためのものであろう。となれば、刻印が貴金属に適用される場合も、元来は私的所有者のそれだと考えていい。

ギュゲスが手に入れた指輪の玉受けに付いていたのも、実は最初の所有者として彼が自ら環《リング》に刻印した印章だったのではなかろうか。むろんそれが彼自身の才覚としての理財の才であったにもせよ、ひとり頭脳的なそれのみにはとどまらぬ。むしろ具体的に貨幣の発行者たることにおいて、指輪が彼の魔法の源泉になったと考えたいのだ。

印章と言えば、サモスの僭主ポリュクラテスの話がある（『歴史』Ⅲ．39―43）。強運の持ち主で、短時日に周辺への脅威となって満天下に盛名を馳《は》せたが、それが同盟者なるエジプト王アマシス二世を不安にした。そこで王は僭主に一書を呈して曰《いわ》く。貴殿のあまりにも盛大な御運が神霊の嫉《ねた》みを招くことが気がかりなので御忠告申し上げるが、貴殿の最も大事になさる至宝をこっそり捨てられよ、と。

ポリュクラテスは思いめぐらせた末、指に嵌《は》めた印章付きの指輪こそがそれだとたずねあてると、未練を振り払って海中にこれを投じた。ところが五日後、一漁師が見事な大魚を捕らえたとして献上してきた。召使いたちが魚の腹をひらくと例の指輪が出てきたので、神意によるに相違ないと考えた僭主は、顚末《てんまつ》をエジプト王に書き送った。すると王は、捨てたものがまた見つかるようでは、僭主が幸せに終わりを全《まっと》うすることはあるまいとかえって悟り、使者をサモスに遣《つか》わして友好関係の破棄を通告した、というものである。

僭主が指輪の印章と身ぐるみ一体だということであって、印章が刻印された金属貨幣は、僭主その人が独り占《モノポライズ》めするほかない。政府が独占をつくり出すのではなく、独占が政府をつくり出すのだと言ってもいい。金融覇権を確立するまでは、いかなる僭主も枕を高くして眠ることはできなかった。否、確立して後も終わりを全うし得るか否かは保証の限りでなかった。

それほど満々たる自信とともに、不安にさしかけられてもいるのが、ミダースをはじめ、僭主というものの宿命だったのである。

事業家ファウスト

ゲーテ（一七四九―一八三二）の『ファウスト』には、「フィレモンとバウキス」の話が出てくる。第一章末尾近くに挙げた『転形譚《メタモルフォーセス》』からの今ひとつの挿話であるが、『転形譚』では、愛と誠実の中で過ごすうち年をとったこの老夫婦をユピテルとメルクリウスが訪《おとな》い給うたのは、人類を滅亡させる大洪水の中で、心正しいこの二人だけは救済してやろうという思し召しによるものであった。

ゲーテにおけるこの老夫婦を訪ねてくるのは、それらの神々ではない。単に一人の旅人、ずっと昔、難破したときこの夫婦に救われ、癒された者に過ぎない。久々に旅人をまた客人としてもてなし、このたびも求めるところ何ひとつとしてない夫妻であったが、界隈はファウストが海を変え新開地にしているので一変している。そこを小屋のある丘の上から見て驚く旅人に、『あなたを散々むごい目にあわせた海が、今では花園に造りかえられてしまって、楽園のような光景が見えるでしょう」（11084―86）と語るのであった。

もとよりファウストは、新開地で発展しゆく貨幣経済・営利事業に老夫婦を吸収したかったのだが、彼らは「埋立地など信用しないで、自分の住みなれた丘の上にがんばって」いた（11137―38）。言ってみればそれは、自治的で、貨幣に支配されることのない、自給自足経済の最後の遺物だったのであるが、新しい港に降ろされる新商品（＝貨幣）を持ってきた「三妖怪」——暴力漢、略奪漢、蓄財漢——をひたすら賃金労働へと駆り立てるファウストにとり、目障り以外の何ものでもない。丘の上の礼拝堂から聞こえてくる鐘の音はファウストを立腹させ、命令に絶対従わぬ老夫婦と旅人を、「三妖怪」とメフィストフェレスは死にいたらしめてしまうのである。

『転形譚』では神に嘉《よみ》され大洪水を免れる心正しい老夫婦が、『ファウスト』ではかえってそのゆえに、炎に包まれ死んでゆかねばならない。黄金のミダースに、もはや黄金ゆえの悔悛は成り立たないということであろうか。

『ファウスト』は始めから終わりまで錬金術のドラマであるというのが、C・G・ユング（一八七五—一九六一）の主張である。愛のドラマであるその第一部では、魔女の厨《くりや》の大霊水《エリキサー》（飲める金《きん》）による若返りや精力が題材であるし、経済のドラマである第二部——宮廷での紙幣づくりから始まる——は、貨幣としての人造金《きん》の製造が主要な問題となるからである。そしてファウスト博士と悪魔の契約を交わすメフィストフェレスは、錬金術師として現われ、錬金術の奥義を手ほどきする。事業家としてのファウストが全力をあげて取り組むのは、新開地への植民という大事業であったが、それこそは錬金術の神髄たる第五の元素《クヴィンテッセンツ》、「賢者の石」であった。

経済における賢者の石とは、けだし、貨幣資本のことである。現実資本を錬金術プロセスの支点とするとき、人為的に貨幣価値がつくり出されて、つまりはこの世にあるすべてのものが「金に変えられた」状態のもの、すなわち貨幣に変えられたものとして発掘される。全世界がいわば金山なのだ。

ゲーテの念頭には、スコットランドのいかさま金融家、一八世紀初頭、「ミスシッピー会社」の泡沫《バブル》を演出して大国フランスの屋台骨を揺るがせた、あのジョン＝ロー（一六七一―一七二九）の俤《おもかげ》が揺曳《ようえい》していたに違いないが、あるいはデモーニッシュな人間として、ナポレオンをメフィストフェレスに近づけて思い描いていたのかもしれない。

ただし、「皇帝」に成り上がったこの梟雄《きょうゆう》の、後ろ向きの姿勢に焦点を当てるのではない。むしろ彼が演出した新たな所有権制度こそが問題なのであり、それとともに一九世紀は、産業革命と経済成長の目覚ましい舞台となるであろう。ゲーテと同時代の軍事学者クラウゼヴィッツをもじれば、まことに「近代経済は別な手段をとった錬金術の継続」であった。

ヴァイマル宮廷の枢密顧問官として、経済問題、ことに税と財政がゲーテの担当であった。イルメナウ銀山の開発をはじめ、製塩、水利、道路建設、紡績、製紙、アルコール製造から都市のインフラストラクチュアまで、実は学問研究どころではなかったのである。従って経済政策には当然明るく、ケネーの「重農主義」にも、アダム＝スミスの『国富論』にも通じていた。貨幣の役割については過大視も過少視もしなかったというのが正確であるが、貨幣の魔性はよく認識していた。

貨幣は腐らず好きなだけ蓄積できる。貨幣価値となることにおいて、物品・商品は時を超えて生き続ける。貨幣は未来への手形なのだ。まさに「未来は金なり！」。近代世界は、時に対する経済の勝利と規定することができるであろう。

だが、世界が絶えず行う過剰消費によってのみ貨幣価値が保証されるのであるとすれば、満足することを知らず、もはや限界を意識することもなくなってしまった人類は、物を担保として保証してくれていたその世界が、掘り尽くされて空っぽになったときには、どうなるのであろう。世界は質料を失う。生命そのものの前提条件が奪われる、これを脅威と言わずして何と言い得よう。

ファウストは、「死のこちら側」で、時を永遠化しようと願っている。無限の進歩という意味で、人間の「時間」の無限性を担保にしている。そしてこのようなヴィジョンによって、「時よとまれ」と言って引き留めたその瞬間、彼は賭けに負け、時を失ったのである。戯曲第二部で、ファウストはその経済計画を造幣行為から始めているが、魔法の合鍵としての、貨幣の持つ権能を――道徳律への人間の根源的志向に目をふさがれることのないまま――ゲーテが見据《す》えていたことの何より雄弁な証《あか》しであろう。

「魔法の指輪」を生んだ風土は、むろん古代地中海世界である。近代経済の世界ではない。だが打刻貨幣を己が力の源泉として、金融覇権の確立に邁進《まいしん》する僭主の自信と不安は、そのまま、未来を先取りする新たな錬金術的近代経済の、己が墓穴を掘るにも似た自己過信と、時代を超えて重なり合うのではないだろうか。

黄金僭主ミダースの説話には、そのような意味で、危機に差しかけられている現代へのあるメッセージが込められていると見たいのである。この愚王の悲喜劇は、しからば、後段においていかなる展開を見せるのであろうか。

Ⅱ　王様の耳はロバの耳

四　耳の懲罰

己が触れることごとくが金になる魔力に浴したミダース王が、音を上げて神様《バッコス》に詫《わ》びを入れ、魔法を解いてもらった話の経緯《いきさつ》は先に記した。

ミダースとパーン

泉の水に身を浸して罪を洗い流した後、黄金にはもう懲《こ》りごりのこの王者は、むしろ山野の簡素に生きるが、その折の後日譚《たん》がさらに語られるミダース説話の後段を、再び『転形譚《メタモルフォーセス》』の本文（XI. 146―193）に沿いつつ辿《たど》るとしよう。

「彼は富を憎んで」という出だしから後段は始まるが、これは前段、思わぬ災厄に目を回したこの国王が、浅はかにも己が願った黄金を逆怨《うら》みしたと話をどんでん返しにする。転形の極致で、木に竹継ぐこととなりかねない前段と後段を巧妙につないで、しかも歯切れがいい。

そんなわけで王は、「森や田野に杖を曳《ひ》き、山の洞穴に住みついているパーンを崇めていた」。権力者が林野に棲《す》みつくということ自体、空想的な場面設定だけれど、宮中の繁文縟礼《はんぶんじょくれい》に嫌気がさして、お忍びで王侯が山野に遊ぶという話ならさして珍しくもない。ただしいずこに遁《のが》れようと、遁れ得なかったのは、生まれついての王の愚鈍であった、というところに話は落ち着く。

すなわち「頭《ちえ》の方は、しかし、依然として魯鈍《ろどん》で、愚かなその心根は、またぞろ、以前のようにその持ち主に迷惑を蒙らせることとなるであろう」。以上が導入部である。

件《くだん》の暗君がまたしても演ずる愚劇の舞台はと言えば、この度もまたトモロス山である。「高く険しい」この山が、「遙けくも海を望見しつつ」「両側に山裾《やますそ》をひろげながら、聳《そび》え立ち」、「いっぽうではサルデスに、もう一方では小邑《しょうゆう》ヒュパエパに目路《めじ》の盡《つ》きる」ことが述べられている。ミダース王が己の欲ぼけの罪を洗い浄めたパクトロス河がそこに発することは、繰り返すまでもない。ただしトモロスは山の神として擬人化された姿で登場するから、舞台とされるのみならず、舞台回しでもあるわけである。

さてそこへまず登場するのが、牧神パーンである。「可愛らしい妖精《ニンフ》たちに歌の自慢をし、蝋《ろう》でつないだ葦笛《あしぶえ》で軽やかな調べを奏でていた」とある。

葦笛を吹くパーン

ここにパーンとあるのは、伝ホメロスの『パーン讃歌』に、「山羊の脚して、二本の角生やし、騒々しさを好む神」、「ヘルメスの愛し子」と紹介されるものである。「それは生まれるからに見るも不思議な子」で、髯《ひげ》だらけの顔をした笑い好きの陽気なこの子に、母親も仰天して逃げ出したのであったが、ヘルメスは大喜びで、野兎の裘《かわごろも》に包んだ赤子をオリュンポスで諸神に披露なさった。これがディオニュソスをはじめ、並居る「すべての《パン》神々を喜ばせたがために、この子をばパーンと呼ぶようになった」という俗流語源解となっている。

pa-の語源については、サンスクリット語の《pavana（風）》、ギリシア語の《paomai（得る）》、ラテン語の《paseo（放牧する）》など諸説があるが、幼児語（「パパ」のパ）に由来するとされたりもする。こうなると、元来牧畜の国アルカディアの豊饒神と言われながらも、その祭祀がヘラス（ギリシア）全土に、否その外にまで遍在する謎も、曲がりなりにも腑に落ちるような気もしないではないのだが。

「しばしば……高き山を馳《は》せ巡られ、……葦笛でうるわしき調べを吹き鳴らし」て、「小鳥でさえも、調べのうるわしさではこの神に勝ることはかなわぬ」色好みのこの神霊は、「歌声さわやかなニンフたち」との恋物語にもこと欠かなくて、ことにも後に記すシュリンクスとの経緯やエコーの悲話などは名高いそれだが、気難しいところもあって、牧神の午睡《ごすい》を妨げられたりすれば、群集心理的な恐慌《パニック》を見舞いもする。いささか掴《つか》みどころのない神格と言うべきではある。

　この半獣神が歌自慢で葦笛を奏でていたところまではいいとして、「そのおりのことだが、厚かましくも、自分と比べてアポロンの歌を見下げるようなことを口走ったために、山の神トモロスを判定者として、アポロンとの勝ち目のない歌比べをするはめとなった」、これが物語の始まりなのである。

歌くらべの顚末《てんまつ》

さて、歌くらべの段取りである。「老いた山の神は、審判をくだすため、自分の山に坐りこんで、耳のあたりから木々を払いのけた。黒っぽい髪には、樫《かし》の冠だけをつけていて、へこんだこめかみのあたりに、どんぐりがぶら下がっている」。行司役のもっそりした山の神が、どっかと腰を下ろすしぐさが髣髴《ほうふつ》とするではないか。そして牧神《パーン》を見やりつつ曰《いわ》く、「裁定者としては、準備完了だ」。

そこでいきなり競技が始まる。アポロンの臨席についても、この神が挑戦を受けて立つのに同意し給うたことについても、説明不足。「パーンは、田舎びた葦笛を奏でて、そのフリュギア風の調べでミダース王を魅惑した。たまたま王はそこにいて、パーンの歌を聞いたのだ」。早くも主役は登場していた。

パーンが吹き終えると、山の神はアポロンの方へ顔を向ける。「山の木々もその顔の動きを追った」とあるのは、ザワザワという梢《こずえ》の音までが聞こえる気がする。いよいよアポロンの番である。

この神は、「金髪に輝やく頭に、パルナソス山の月桂樹の冠をいただき、テュロスの紫色で染めた長衣で地面を掃く。宝石とインド産の象牙で飾られた竪琴を左手《ゆんで》に持ち、右手《めて》で撥《ばち》を執《と》った」。典型的なローマの竪琴奏者の装束である。「身のこなしからして、すでに、楽人のそれだ」とある通りで、註釈には、アクティウム沖の勝利（前三一年）を天に謝してアウグストゥス帝がパラティヌスの丘に建立した、スコパス作のアポロン像にあやかってのことかもしれない、とある。

「それから、熟練した親指で弦をかき鳴らす。その甘美な調べにうっとりしたトモロスは、パーンをして、みずからの葦笛が竪琴にシャッポを脱ぐことを否応なくさせた」。ローマの執政官の敬礼に、束桿《ファスキス》（斧の周りを木の棒で束ねた権標）をちょっと下げる（submittere）象徴的国事行為があるのだが、その同じ動詞がもじりとして使われている。

「山の神の判定と意見は、誰をも満足させたのだが、ただミダースだけがこれに反対し、不当な判定だと呼ばわった」。パーンの奏でる異様な調べ《バルバリクス》にミダースが魅了されたからである。形容詞barbaricusは旋律が異邦のそれだということだけではなく、王その人の無教養をも当てこすっていることであろう。とんだ差し出口ではある。

「アポロンは、この鈍感な耳が人間なみの形をしていることに我慢がならないで、これを引き伸ばして、一面に白っぽい毛を生やさせた。そして、根元のところでぐらぐらにして、全体が動くようにした。ほかの部分は、人間のままで残ったが、耳だけが処罰を蒙むり、歩みののろいロバのそれを身につけることになったのだ」。

さて大変なことになって、「王は、これを隠したいと思った。何しろ、不恰好《ぶかっこう》で仕かたがないのだ。緋色《ひいろ》の頭巾《ティアーラ》で頭を包むことにする」。

《tiāra》とは、ローマ教皇の三重冠をも意味する。後世、これが教皇職の象徴ともされるわけだけれども、あとで重要な論点の一つとなるこの問題についてはひとまず措《お》き、本文に戻ると、

「だが、王の長い髪を鋏《はさみ》で刈ることになっているおそばづきの理髪師がこれを見てしまった。この男は、自分が見た無様《ぶざま》な耳のことを、内心では言いふらしたくてたまらないのに、思い切って口外する勇気がなく、かといって黙っているのにも我慢がならなかった。そこで、館《やかた》を抜け出すと、地面に穴を掘り、自分が見たままの主人の耳の様子を、小声で話し、掘った穴の中へ囁《ささや》きかけた。それから土をもとへ戻して、自分がばらしたこの話を覆《おお》い隠すと、穴を埋め、口を拭《ぬぐ》って立ち去った」。

王の秘密を知ってしまった者が宮廷から生きて還れる筈《はず》はない。城づくりでも、築城なって城のつくりを熟知する棟梁《とうりょう》は殺されたというではないか。この理髪師の場合は、よほど運がよかった。しかも秘密を穴に封じ込めることさえできた。

ロバの耳をしたミダース王

「ところがだ。その場所一面に、たくさんの葦が生え、さやさやとそよぎ始めたのだ。そして、一年経ってこの葦たちが大きくなったかと思うと、これらは、自分たちの生みの親ともいうべきあの理髪師を裏切ったのだ。そよ吹く南風《アウステル》にゆり動かされては、それらは、そこに隠された言葉をもう一度ささやき、王の耳の話をばらしたからだ」。

民話における「秘密露見」

以上、『転形譚』の叙述に沿って辿ってみたが、歌くらべの審判での差し出た勇み足がアポロンの不興を買ってロバの耳を付けられてしまう話と、この屈辱を秘め隠そうとするものの結局知れ渡ってしまう話と、筋としては辻褄《つじつま》が合い、両者が不自然さもなくつながると見える。ただ話の主眼はやはり異なっていて、両者は別系列の神話素にそれぞれ連なっていると思わざるを得ない。

そこで話の仕上げの部分、すなわち最後の秘密露見の話題から手を付けることにしたいが、神話学あるいは民話研究の観点からして、これはどのような位置付けが可能となるであろうか。アールネの話型分類では、この種の話は、宗教説話なる範疇の中の「真実が明るみに出る」という部類に属している。さらにトンプソンのそれでは、AからZまでの分類のうち、「D、魔法」の範疇の中の「呪物」という部類において、「葦がしゃべって秘密を明かす」と題しているが、部分的にはまた、「N、偶然と運命」なる範疇に収められた「人に言えない身体の特徴が床屋に見つかる」と称するものも加えられるであろう。

ロシアの民俗学者アファナシェフ（一八二六—一八七一）が収集して上梓した『ロシア民話集』（一八五五—六四）に、「魔法の葦笛」という寓話がある。あるギリシア正教司祭に二人の子がいて、この兄と妹は森へブドウ採りに行くが、出かけるとき、たくさん採ってきた方に赤い靴をあげようとお母さんが約束する。兄はせっせと集めたが、妹は自分の分を食べてしまった。妹は自分の膝枕で眠る兄に嫉妬して、これを殺し、穴を掘って埋めてしまったのである。何喰わぬ顔して帰って両親に言うことには、兄さんは道に迷ってしまった、と。

男の子の墓の上には大きな葦が伸びてきたが、たまたま通りかかった羊飼いがこの葦を切って笛をつくった。吹こうとして唇に当てると、ひとりでにこんな歌詞を奏でるのであった。「そんなに強く吹かないで、羊飼いさん。僕の魂の平安を乱さないで。妹が僕を殺したのだよ、赤いブドウのために、赤い靴のために」と。ほかの羊飼いがやっても同じだった。彼らは村に行って司祭の家で一夜を過ごしたが、その笛を司祭が、その妻が、そして女の子が試みると、同じことが起こる。この子は罪を白状し、家から追い出されるという話である。

ウラジーミル＝プロップは、この話につき、地面からひとりでに生えてきたこの葦が魔力を備えているとして、他の諸々の寓話における、主人公の意のままとなる一連の魔的対象と関連付けている。もっとも構造分析でのそうしたコード化を批判して、犠牲となった主人公がむしろ歌う葦に復活したのだとする異説もあるのだけれども。

いずれにせよ、この民話は、後述するように、ヨーロッパからアジアまで、多くの国々の民間伝承にその典型例がいくつも見出されるごとき、汎世界的同族に属するのである。

否、横のつながりだけではなく、縦に時代を遡って、たとえばヴェルギリウスの『アエネーイス』(Ⅲ.13ff) でも、炎上するトロイアをあとにしたアエネアスが、トラキアに最初の城市を建設しようと、とある塚で槍《やり》のような枝を密生させた茂みを引き抜こうとする場面が出てくる。これは実は悲運に倒れたトロイアのポリュドーロスの身を刺し貫いた槍が鉄の稔《みの》りとなったもので、塚の中の呻《うめ》き声でそれを知り、葬儀を営んだという物語なのだ。

ほぼ同時代の『転形譚』におけるミダース王の秘密露見の挿話にしても、同じ発想の根がひそんでいることは申すまでもない。

おしゃべり理髪師

ロバの耳をくっつけられたミダース王の話に戻るが、王はせめても恥ずかしい不恰好なこの耳を隠したいと願った。そのため緋色の頭巾で頭を包んだりするのだけれども、お抱え理髪師の目だけはごまかせなかった。

プルタルコスの『モラリア』所収の「お喋《しゃべ》りについて」(13)には、「床屋連中がよく喋るのは当り前のことである。なぜなら、お喋りの最も得意な輩《やから》が流れこんできて店先を占領するため、床屋にはそれが慣れっこになっているからである」といった記事がある。

だから噂の火元とされ、生命に関わることだってあったわけだが、ミダースの理髪師も口外したくてうずうずするから、これを黙秘し通すなどできる芸当ではない。そこで退出するや、地面に穴を掘って囁き込むことになった次第は前述の通りであるが、そこに何らかの深い意味を我々は汲《く》み上げることができるのであろうか。

ここで前段の黄金のミダースの話を思い出していただきたい。人間の強欲への神の懲《こ》らしめと悔《かい》悟《ご》、それから聖泉での沐浴《もくよく》という、言ってみれば「贖罪《しょくざい》の巡礼」で完結するあの過程は、たとい祭儀そのものの外面性を免れぬとはいえ、ともかくも――おそらくオルフィク教的な――悔悛《かいしゅん》の構図の上に繰り広げられるところであった。

しかしながら、後悔も三日坊主だった性懲りもないこの王者が、またしても味噌をつけてのロバの耳の懲罰という後段の展開には、最終的解脱を願う神妙なところはなさそうである。この場合は、物欲ではなく、ムーサイに連なる高尚な話題だけれども、要するに自己顕示であり、その意味で涜《とく》神《しん》でもある。それにしてはこの断罪は不自然なほど甘いと言えるが、それへの対処は狼狽《ろうばい》と悪あがきの茶番劇でしかない。

懲罰の公然化に必死で待ったをかけようとすることにより、悔悛の萌芽も、徒《いたずら》なる滑稽《こっけい》話の脇道に逸《そ》れた感があるのだ。むろん宥《ゆる》しや癒しに到達するといった類ではない。思想的な深みとしては、前段に比べ、後段で物足りなさは倍加しているとも見えるであろう。

だが、今少し洞察をすすめるとき、説話の裏側に、何かしら別の次元をのぞき見ることになりはしまいか。ここにJ・M・フレコーの卓論を簡単に紹介しておこう。

その解釈では、職務上知り得た由々しき秘密を己が胸一つに畳《たた》んでおけなくなったそのおしゃべり男が、穴を掘ってその中に秘めごとを囁き入れて、胸のつかえを下ろしたということが意味するのは、いわば大地母神《マグナーマーテル》に重荷を転嫁したということであって、王の悔悛の不可避性が、そんな超越的次元にしか受け皿を見出し得なかったことを示している。

そして大地は、そこに生《お》い出でた葦の葉ずれに、匿《かく》された真実を、風のそよぎにつれかくれもなくする。それをオヴィディウスは、これら葦たちが「農夫を裏切った」と表現したのだ、とするわけである。先に「生みの親ともいうべきあの理髪師を裏切った」とする定説を示したが、これは意訳である。それは、我知らず土を耕し(＝地面に穴を掘り)、秘密を種蒔《ま》くという百姓仕事をしてしまった理髪師が、一年経つや、予想だにしなかった結実に愕然《がくぜん》とする図でもあろうか。詩人の芸は、存外細かいのだ。

けだし、よき収穫《とりいれ》は農夫を裏切ったりするものではない。ところが、意に反してのこの耕し手は、まさに大地の豊饒により裏切られたことになる。背理からくる物語のおかしみではある。

が、その前に、これは当然の疑問であるが、どうして王はこの理髪師を、知り過ぎた者のゆえに処断しなかったのであろうか。そうすれば他に洩《も》れる恐れもなく、また風に託して葦が秘密を囁き出すこともなかったのに。いや、そもそも理髪師なる存在を、整髪にこと寄せて、わざわざここに持ち出してくる必然性はあったのだろうか。

自分が早晩世の笑い者になることに動転した王者の心理は、穴にも入りたいという気持ちであろう。地面に穴を掘るというあの行為は、実はミダース王その人の絶望的な欲求だったのではないか。

そしてそこに「王様の耳はロバの耳」と自ら告白するのは、神経症に打ち克《か》つための裏返しの遁辞《とんじ》だった筈である。

つまり掘られたあの穴は、彼自身の潜在意識の象徴だったのであり、背負いきれぬ己が秘密を大地に託したことになる。ところがそれは皮肉にも、彼の心の弱さを衆目に——あるいは衆耳に——曝《さら》け出すことになってしまった。すなわち、ほかならぬ穴を埋めた土から生えてきた、風向き——風評——のままになびくあの葦となって。心理学的な解釈である。

ただ理髪師の存在自体を否定することはできぬであろう。前三世紀アレクサンドリアの大詩人ディオスコリデスが、その好色淫蕩《いんとう》なある諷刺詩の末尾に、「とめどなきお喋舌《しゃべ》りの証人ミダース」なる寸鉄言《すんてつげん》を記しているからである。これは、註釈家によれば、オヴィディウスに先立ってミダース物語のこの部分を暗示している唯一のものである。それにしても何という短かさ、また曖昧《あいまい》さ！

オヴィディウスが『転形譚』を創作するに当たっては、おそらくアレクサンドリアの文筆作品をもお手本にした筈で、悲劇的な物語を滑稽譚に「変容」させた彼、あるいは先人の腕の冴えは目を瞠《みは》らせるものがある。何しろ、「風」という抗いようのないものを、主役にしてしまったのであるから。

マルシュアスの場合

ところで歌くらべのテーマに関しては、同じく『転形譚』の巻六に、獣人《サテュロス》マルシュアスが、やはりアポロンと葦笛の腕くらべをした話が挙がっている。

この場合は競演そのものよりも、マルシュアスが試合に負けてアポロンから罰を受けた次第が話の中味をなすのだけれども、アポロンとの歌くらべという点においては、ミダースの物語と瓜二つである。

マルシュアスをめぐっては、アポロドロス（『文庫』I. 4. 2）にも取材されていて、「アテナが顔を醜くするというので投げ棄てた笛を見つけて、アポロンと音楽上の争いをした」とあるし、パウサニアス（『ギリシア案内記』I. 24. 1）には、「二本笛《アウロス》は残らず捨ててしまうのが女神の意志であったのに、マルシュアスがそれらを拾い集めたので打擲《ちょうちゃく》された」、その殴打《おうだ》するアテナ像がアクロポリスの聖道にあったという叙述がある。

オヴィディウスの『祭暦《ファスティ》』（6. 697 ff）にも、女神が「長い笛を最初に拵《こしら》えたのは私だ。柘植《つげ》の木に広い間隔で穴を開けて音が出るようにしたのだ。音色はうまく出た。が澄み切った水に映してみると、私の乙女の顔が膨れ上ってしまっていた」ので、川岸の葦の茂みに捨てたことを宣《のたま》うていて、これを見つけた獣人が、最初は不思議そうにしていたものの、吹いてみると音がするのに気づいて、指を運んで、巧みに奏で、持て囃《はや》され天狗になって、どんな目に遭《あ》うかの顛末《てんまつ》が記されているのだ。

女神の打擲さえ意に介さずに工夫を凝らしたからであろう。

マルシュアスは、獣人《サテュロス》どもの中では親分格のシレーノスの部類に属する老成した精霊なのだが、そのマルシュアスが、本来はフリュギアの河神ないしはリュディアの霊泉の魔神であったとなれば、トモロス山を舞台として繰り広げられるミダース物語の歌くらべにおいても、アルカディアの影を引きずるパーンよりかは、土着の臭い紛々たるこの獣人の方が、具体性においてどれだけ勝るかわからない。

ともにディオニュソスの一行に随従して跳びはねる鄙《ひな》びた牧神《パーン》は、しばしばサテュロスと混同されるのだけれど――そしてパーン伝説がおおむねは後代のものが多くて、アレクサンドリアの詩人たちの空想にかかる所産も少なくないことも、注意さるべきところなのだけれども――ミダース王の物語に登場するのは、やはり元々はマルシュアスで、パーンとするのは異曲であったとすべきなのではないであろうか。

で、ロバの耳の懲らしめを、悔悛へと内面化することのないまま、当面うやむやにできたミダース物語の場合、アポロンに挑んだ当のパーンに関しては、はたしてお目こぼしに与《あずか》ったや否やも明らかでないのに比べ、マルシュアスは同じくアポロンを相手どった高慢ちきのゆえに、厳罰をこの神から蒙るのである。

『転形譚』の巻六（391―400）にその情景は物語られるのだが、敗者は勝者の手で存分に処分さ

縛られたマルシュアス

るべしという取り決めになっていたから、敗れたマルシュアスは宙吊りにされ、「たかが笛ひとつで、こんな目にあうなんて！」と泣き叫ぶうちにも、「からだの表面から皮が剥《は》がれて、全身がひとつの傷となった」。いたるところ血が流れ、筋肉は露出し、血管がぴくぴく震える。

まさに残酷物語で、「百姓たちや森の神々、牧神や兄弟の獣神《サテュロス》たちが、彼を嘆き悲しんだ。瀕死の彼がなおかつ愛を寄せていた少年オリュムポスも、さまざまな妖精《ニンフ》たちも、あたりの山で羊や牛を飼っているすべての牧人も、彼を悼んで泣いた。大地はかれらの涙でびしょ濡れになった」。流す涙を、大地がふところ深く吸いこんで水に変えたあと、その水が走り下ってできたのが、フリュギアーの清流マルシュアスなのだという故実にもなっている。ちなみにここに挙がっているオリュムポスとは、ギリシアにおける笛《アウロス》奏法の流祖とされる人物で、音楽史的にもあだおろそかにできる話ではない。

巻六におけるマルシュアスのこの悲劇のあと、間をおいて、巻一一のミダース王の茶番劇がつづく。同工異曲の枠組みの下に、後者が前者の変奏であることがほの見えて来ないであろうか。

ロバの耳したミダース王の物語については、二〇世紀初め頃、類話二八篇が多くの研究家により博捜された。その内訳は、まず中央アジアのものとしてキルギスが二、モンゴルが一、それからインドのものが四、ケルトその他がかなりあって、他はヨーロッパのものである。

整理すると、登場するのは多くの場合、一人の国王ないし主権者と複数の理髪師たちであるが、王の畸型《きけい》をなすのは、ロバ、馬、牛の耳だったり、角や牙だったり、ロバの足だったりもする。大体が悲劇的で、理髪者（たち）は、国王を悩ませる畸型のことを知ってしまうのに応じて殺されるわけであるが、その亡骸《なきがら》を埋めた場所に葦などが生えてきて、それを切ってつくった笛が真実を暴露することになっている。ほかの音色を発することが叶わぬままにだ。

別の異伝では、理髪師は、樹木だの、井戸だの、山や野に掘った穴だのに秘密を託す。そうして原則的に秘密漏洩《ろうえい》の仲だちとなるのは、多くは魔力を吸って生えてくる葦その他でつくった笛、太鼓、琴などといった楽器なのだ。ミダース王の場合は、天然の風が、葦そのものをゆるがせ、歌わせるのだが。この一事のみをもってしても、ミダース物語の話の運びの独自なる所以が窺《うかが》えよう。

「囁きかける」魔力

楽器の材料となるまでもなく、葦など植物そのものが人間の声を発するという発想は、しかし、オヴィディウスにとり必ずしも珍しくはなかったのではあるまいか。『転形譚』巻一には、シュリンクスにまつわる挿話が語られている。

巧みな葦笛の音色で百眼の怪物アルゴスの心を奪ったメルクリウスが、この怪物を眠らせるため、とめどなく長話をした。その中で葦笛の由来につき述べるくだりなのだが、森の妖精《ニンフ》シュリンクス

シュリンクス　アーサー＝ハッカー筆（マンチェスター市立美術館蔵）

が牧神パーンに見初められ、口説く神を振りほどいて逃げ惑ううち、水に進路を遮られる。パーンは遂に彼女を捉えたと思ったが、姉妹なる水の精たちに変身を頼んだ乙女の姿は、沼地の葦でしかなかった。

牧神が溜息を洩《も》らすと、「葦の中で揺れ動く空気のそよぎが、嘆きに似たかぼそい音をつくり出した」。音色の甘美にうっとりとした神が、「お前と私とのこの語らいは、いついつまでもつづくだろう」というわけで、長短さまざまの葦を蝋でつなぎ、結び合わせてできあがったのが、実にこの葦笛《シュリンクス》さと語ったのである。

つまりは人の身、または魂が、葦へと「変容《メタモルフォーゼ》」し、今や人間の声となる。大地に種蒔《ま》かれると否とにかかわらず、植物の中にまぎれ込んでともに育まれた魂が、楽器なる風に誘われて、否応もなく自らの存在を啾々《しゅうしゅう》、あるいは嚠喨《りゅうりょう》と開顕《かいけん》するからである。いわば音楽の奇蹟であって、この場合も、掘った穴の中へ「囁きかける（inmurmurare）」そのこと自体が、端倪《たんげい》すべからざる魔力を秘めていたことになるのではないだろうか。

けだし「人間（死者）の声が、しばらく時を経ると大地から（大地へと）立ち戻ってくる」という主題そのものは、グリムをはじめ多くの寓話に流布しているところなのだけれども、実は

「囁きかける《インムルムラーレ》」という用語それ自体は、それなりの思い入れなくしては用い得ない言葉だった。たとえばヴェルギリウスにあっては『農耕歌《ゲオルギカ》』（Ⅳ. 261）にただ一度きり、オヴィディウスにあっても『転形譚』にわずか四度（Ⅲ. 646, Ⅵ. 558, Ⅺ. 187, Ⅺ. 567）という有様なのだ。

とりわけフィロメラの物語（Ⅵ. 558）は凄絶な光景で、姉プロクネの夫、トラキア王テレウスに恋着され、手ごめにあったフィロメラは、絶えず父の名を呼びやまないので、その舌を無慈悲な刃で切り落とされてしまう。「舌のつけ根はけいれんをひきおこし、舌そのものは下へ落ちて震えながら黒い地面にぶつぶついっている《インムルムラーレ》」のであった。

切られた蛇の尾が躍《おど》り跳ねるようにびくびくと震え動いて、生命を失いながらも、もとの持ち主の足もとへ寄ろうとしていたわけである。結末は、姉妹が陰惨な復讐を遂げ、夜鳴《よなき》鶯《うぐいす》と燕《つばめ》になって逃げ去ると、これを追うテレウスもやつがしらとなって終わるのだけれども。

切られた舌がぴくぴくしながら、元あった口に戻って言葉を発しようとする。怨念の激発は、音なき音、言葉なき言葉を発して、鬼気迫る。「囁きかける」とは、本来そういった強迫を底に秘めたものだったのである。

埋められた屍体《したい》を覆う土から生え出ずる葦、切羽《せっぱ》つまった「囁きかけ」が生い出る茎の繊維に吸い込まれた葦、そのような葦が、先のフレコーの心理学的解釈に垣間見たごとき、くよくよと風向き次第になびく弱い葦であった筈はない。ミダースの説話も、むしろ人為のさかしらを超えた地平で、天来の風により真実が開顕されるという、超越的な宇宙観《コスモロジー》を背後に秘めた物語だったのではないかと言いたいのである。

謎解きへの見取り図

おしゃべりの理髪師と秘密露見に関する考察は、このあたりで措《お》くとしよう。するとあとは、愚王が神様の大目玉を喰って付けられるロバの耳そのものの問題が残るわけだが、これについては、本書後半のほぼすべてをあてることにしたい。

歌くらべという設定自体、音楽が重要な主題となることを予想させるが、本書では「ロバの琴聴き（Onos Lyras）」なる箴言《しんげん》を水先案内として、問題圏への周航を試みることにする。

この箴言は、ロバが楽の妙音に耳傾けているという悲喜劇を、揶揄《やゆ》する趣を含むものだが、実は、それそのものを書名とした大著『ロバ《オノス》の琴聴き《リューラス》、竪琴抱けるロバ』（一九七三）があって、その著者、異色の音楽学者M・フォーゲル（一九二三―二〇〇七）の今ひとつの野心作、『ケイロン、琴抱ける馬人《ケンタウロス》』（一九七八）とともに、この問題のほとんど全域を覆っているように思われる。

もちろん体系的な音楽理論を本命とした所産であるし、大胆過ぎもする奔放な発想は、それとして根本的に今後の検討に委ねられなければならぬのだけれども、とまれ桁《けた》外れと称すべきその思想圏を、一隅にもせよ照らし出すことができれば、本書に期するところの半ば以上は達せられるのではなかろうか。

五　馬人ケイロンの問題

馬人の謎

半人半馬の怪物ケンタウロス。野蛮好色で乱倫粗暴なこの種族が、比類なき賢者ケイロンを擁《よう》している。何とも不思議な族《うから》だけれども、彼らはそも何者か。

ミダース王の物語の後段は、歌くらべの場で、パーンの得意気な笙笛《しょうてき》が、天界の寵児《スター》アポロンのかき鳴らす聖なる竪琴《リューラ》に歯が立たなかった話であるが、その都雅《とが》なる七弦琴《しちげんきん》の調べをこの天人に伝授したのが、野趣横溢《おういつ》するケンタウロス、ただしその中にあって、同類とは似ても似つかぬ長老格で、品行方正を絵に描いたようなケイロンであったというのは、何を意味するのか。物語の前段で、泥酔して王の御前《ごぜん》にしょっぴかれるシレーノスがバッコスの養い父《おや》で、同じく獣人だったのと好一対をなすこの光景とは、いったい何か？

大航海時代の一六世紀、エルナン＝コルテス率いる征服者らがアステカ王国を制圧したとき、生まれて初めて見た馬に乗る白い人間どもを、中米の先住民らは恐怖いっぱいに、動物と人間が混じった化けものと感じたらしい。同じ情景は、一九世紀、列強によるアフリカ侵略に際しても一部で繰り返された由《よし》であるし、逆にその昔、世界支配をペルシア人にもたらそうとするキュロス大王の

頭脳的作戦は、自分たちが近隣の諸民族からケンタウロスと目され恐れられるように、配下に振る舞わせることであった。

上半身は人間で、胴以下四つの肢《あし》や尻尾は馬だというケンタウロスは、してみると、馬の最初の乗り手に対する定住民らの誤認の産物だったということになろうか。ギリシア人における馬人《ケンタウロス》の表象も、獣とともに育って鞍上に日夜を送る太初の草原遊牧民、ことにも黒海辺のスキュタイ人などに淵源するものかもしれない。

ただ図像的な証跡としては、前肢だけが人間のそれもあったりするから、その場合、騎馬民族説は成り立ちにくく、一九世紀のドイツ古典学の泰斗たちは、大草原《ステップ》ならぬテッサリアの鬱蒼《うっそう》たる山林こそが彼らの棲《す》み家《か》だとして、全身毛むくじゃらの野獣めいた山男風のものを思い描いていたようである。自然の魔霊とする解釈であるが、語源的に「アウラ（-aura）」から風と関係づけたり、あるいは、テッサリアやアルカディアの山津波など水の猛威から、水の魔霊と見なしたりする。酒好きのその泥酔ぶりとか、根こそぎ木を引っこ抜いての狼藉《ろうぜき》ぶりなども、それで説明がつくとするわけである。

いずれにせよ奥山の物《もの》の怪《け》といったところなのだが、他方で五世紀頃のギリシア詩人ノンノスなどでは、かかる不気味なケンタウロスにも、温和で重厚なる族のいることが語られている。何か腑《ふ》に落ちないが。

ましてや「ケンタウロス族の中では人倫の道を最も弁《わきま》えていたケイロン」と別格視されるものが出てきたりすれば、怪訝《けげん》の念はいや増すであろう。が、ケイロンと言えば、ギリシア人にとり、思慮ぶかくも神嘉《よみ》し給う善行の権化《ごんげ》であって、その行い正しさは他のケンタウロスどもと比較を絶しただけではない。人間をさえ凌駕《りょうが》したのであって、若きアキレウスを育んだのも「卑しき人間どもの風習を見習わぬように」（エウリピデス『アウリスのイーピゲネイア』709）としてだったのである。

ケイロンの教育

ヴェスヴィオの灰の下から陽の目を見たケイロンの壁画がある。半人半馬のこの巨漢が、向学心に目を輝かせた少年に竪琴の手ほどきをしている、微笑ましい光景である。やがて剛勇無双を謳《うた》われる、あのアキレウスに見《まみ》えているのだ。

少年の父ペレウスを、馬人の長老なるケイロンは、生命危うい瀬戸際で助けたことがあったのだが、ペレウスが海の女神テティスと結婚するに際しても、智慧《ちえ》者ケイロンの指南なくしては、それは叶わぬことであった。

いっこうにゼウスになびかぬこの老海神《ネレウス》の娘が、大神《おおがみ》の怒りを買って、死すべき人間と結ばれる羽目となったとき、ゼウスの孫にあたり、たまたまやもめぐらしをしていたペレウスに、白羽の矢が立てられた。彼は、海の精霊である変幻自在な女神を捉え、ものにしなくてはならなかったのだが、そのための秘策を伝授したのが、ケイロンだったわけである。結婚のお祝いは梣《とねりこ》の槍《やり》だったの

若きアキレウスに竪琴を教える馬人ケイロン
（ナポリ国立考古学博物館蔵）

だけれども。

かくて生を享《う》けたのがアキレウスであり、この嬰児《えいじ》を夜な夜なテティスは火で焙《あぶ》って、人間の部分を焼き去る。不死身にしようとしていたわけである（母が握っていた踝《くるぶし》だけが英雄の弱点《アキレスけん》となったことは御存知の通りだ）。ところが夫にそれを見られてしまったため、妻は人界を捨てて、水の妖精《ニンフ》たちのところへ去る。困《こう》じ果てたペレウスは、愛児を心優しき昔なじみに託したというわけなのである。赤児を受けとったケイロンは、これを「獅子と野猪《やちょ》の臓腑および熊の髄《ずい》で養い、アキレウスと名づけた」（『文庫』Ⅲ. 13）。

が、ケイロンとはふたたび何者か。

実はクロノスを父とし、極洋《オケアノス》の娘の一人を母とするこの怪物《フェール》は、ゼウスの異母兄弟だったことになる。だから予言の天賦《てんぷ》にも恵まれ、半神《ヘロス》に期待されるあらゆる資質を身に備えていた。薬師《くすし》の誉れは特に高く、不死鳥《フェニクス》をさえ盲目から救い得たのは、「手《ケイル》」なる語源からも治癒神（＝外科医《ケイルルゴス》）だったからである。半人半馬なのは、水の精だった母親が、折から牝馬の姿に化《な》った際に受胎した子であったからに過ぎない。母同様、その子も不死であり、母とともにペリオン山の洞窟に住み、医

薬の術をもって数多《あまた》の人々を救ってきた。

預かり育てた人間の子供は、アキレウスだけではない。手塩にかけた者たちの中には、アルゴー号遠征の主役イアソンもいれば、テセウス、オデュッセウス、ディオメデス、アエネアスなどもいて、まさに綺羅星《きらぼし》ではないか。クセノフォン（『狩猟論』12）によれば、錚々《そうそう》たる門弟二一名を擁したという。アスクレピオスにいたっては、訓《おし》えを文字通り自家薬籠《やくろう》中のものにし、医聖と讃えられた。出藍《しゅつらん》の誉れでなくして何であろう。

ギリシア人にとり、ケイロンを取り巻く師弟とは、イングランドの名門私立校イートン校のようなむしろ制度であって、英雄時代のエリート教育一般を、この馬人に象徴化《シンボライズ》してみせたものかもしれない[2]。するとその教科内容は、単に竪琴などの音楽や、医術・天文、狩猟・牧畜、はたおそらくは弓箭《ゆみや》の道など、個々の実用的分野に限ったものではあり得ないだろう。普《あまね》く哲理や神智《しんち》を基礎とした、実に百科全書的教養《アンシクロペディク》の一切であったに違いないのだ。

エウリピデスは、「信心ぶかいケイロンに育てられた私は、素直な生き方を学びました」とアキレウスに言わせている（『アウリスのイーピゲネイア』926）。

祝宴の乱闘

「神々しき《テイウー》怪物《フェール》」（phēr theiū）としてのこのケイロンが、同時に馬人《ケンタウロス》として「野獣なる《アグロテロス》怪物《フェール》」（phēr agroteros）でもあるところに、問題の奇天烈《きてれつ》さがある。ケイロンと並んで馬人の今ひとつの例外だったフォロスをめぐり、その間の事情を物語る典型的な出来事が持ち上がっているので、垣間見ておこう。こちらは、シレーノスと森の梣の精《ニンフ》との間に生まれ、アルカディアを根城とした馬人なのだが、ヘラクレスが訪ねてきて客になるということがあった。そのときのことである。

英雄を歓待するに当たって、「彼はヘラクレスには焼肉を提供しながら、自分は生のを食べた。ヘラクレスが酒を所望すると、彼はケンタウロス族の共有の甕《かめ》を開けることは心配だと言った。しかしヘラクレスが心配するなと言って、甕《ピトス》を開けた」(『文庫』 Ⅱ. 5. 4)。

生肉を喰う「野獣なる怪物」が、文明圏から訪れた賓客《まれびと》には焼肉を饗応する。文明と野蛮の興味ある対面であり、ここまでは悦楽と至福の駘蕩《たいとう》たる親和の趣がある。しかるに次の瞬間、情況はひっくり返る。

「暫《しば》くたつと香をかいでケンタウロスどもが岩と樅《もみ》の木を身に帯びて、フォロスの洞穴にやって来た。そこで先頭に立って勇敢に入って来たアンキオスとアグリオスをヘラクレスは燃え木を投げつけて追い払い、そのほかの者どもをば矢で射てマレアまで追いかけた。そこから彼らはラピタイ人によってペリオン山から追われマレアに居を構えていたケイロンの所に遁《のが》れた」。親和から敵対へのどんでん返しであるが、まことに奇怪な馬人の性格と言わざるを得まい。

顛末《てんまつ》をさらに追えば、ヘラクレスの放った一矢が、あろうことか、ケイロンの膝にささって、英

フォロスの洞穴でケンタウロスと戦うヘラクレス

雄は困惑するが、矢の猛毒は、この馬人お手のものの秘薬をもってしても施す術がない。しかも不死なるため死ぬ術さえないから、プロメテウスに不死を譲ることをゼウスに願って、苦痛から遁れたのである。そして「フォロスは死体《ケイロン》から矢を抜いて、小さなものがこのように大きなものたちを殺したのに驚いた。ところが矢が手から滑って足にあたり、たちまち彼を殺してしまった」。ヘラクレス第四の功業にまつわる話である。

「神々しき怪物」の双璧とは対蹠《たいせき》的に、その他大勢の「野獣なる怪物」どもには、それにふさわしい来由《らいゆ》がある。テッサリアの王統につながる――あるいは軍神アレスの子とも言われる――イクシオンは、結婚に当たり約束した引出物を渡すと見せて義父を謀殺したため、世間から見放され、罪を浄めてくれる者もなかったのを、人神ゼウスが憐れんで、罪を浄め、乱心も癒し給うた。しかるに忘恩のこの男は、神妃《しんぴ》ヘラに横恋慕して、女神の寵愛を言いふらしさえする。そこで懲《こ》らしめのため両神は、雲《ネフェレー》をヘラの姿にして与え給うた。この偽りの女神を孕《はら》ませてできたのが、つまりは馬人の祖で、連中の乱倫粗暴はまさに祖先譲りなのだというわけである。

そのような荒ぶる外道《げどう》ぶりについては、フォロスの洞窟におけるかの大立ち回りで目《ま》のあたりにしたところであるが、その極めつきとして、さらに次のような光景がある。

今は滅びたラピタイ族の住む北部テッサリアがこの度の舞台なのだが、族長ペイリトオスとアルゴス（？）の王女ヒッポダメイアとの華燭《かしょく》の典の祝宴に、馬人らの一味も招待されていた。やがて宴も盛り上がって酒の酔いが回るにつれ、「野獣なる怪物」どもは正体を現し、花嫁を引っさらって逃げようとした。そこで大乱闘が捲《ま》き起こる。

招客として臨席していた英雄テセウスの目覚ましい奮戦により、多数の死者を出しつつも馬人どもは撃退され、ラピタイ人の住むペリオン山からも追い払われて、ペロポンネソスへと逃げ走った。ここで先のフォロスに関する椿事《ちんじ》と話がつながるわけである。

ヘラクレスの最期

英雄なるものとはよほど浅からぬ因縁《いんねん》があると見えて、ヘラクレスの死の事情にも馬人が一枚噛《か》んでいる。

エウリピデスの『狂えるヘラクレス』にあるごとき悲惨な出来事により、最初の妻メガラを失ったあと、カリュドンの王女デイアネイラを妻に得たヘラクレスは、妻ともども河の畔《ほとり》まで来た。冬の嵐に増水していて渡ることもならず当惑していると、半人半馬のネッソスが来て、渡して進ぜようと言う。そこで有難しと新婦を託したが、英雄が河で足をとられている隙《すき》に、すばやく対岸に渡った馬人は女を物陰に連れ込んで、怪《け》しからぬ振舞いに及ぼうとした。

妻の悲鳴に英雄は、毒に浸した矢をつがえ、馬人を射当てたが、いまわの際《きわ》に自らの衣をデイアネイラに渡してネッソスの囁《ささや》いて言うよう。血に染まりたるこの布を大事になさいませ、奥方様。

旦那が他日他の女に心を寄せられたとき、これを着せておやりになれば、心変わりは喰いとめられましょうぜ、と。

遙か後になって、ある美姫を競争相手として恐れたゆえだが、夫に命ぜらて礼服を送るに際し、デイアネイラは馬人の血に浸されたあの布を礼服の間に縫い込んだ。英雄がこれを着込むと、猛毒が肌を侵して肉に喰い込み、着物を力ずくで剥《は》がすと肉も一緒に取れる始末である。そこでオイタの山上に身を運ばせ、積み上げた薪の上に登って、火を付けさせ、果てたのであった。

なお英雄の最期については、今ひとつ派生する話がある。薪の山に火を付けるよう英雄から命ぜられても、扈従《こしょう》する者たちは尻込みして誰も従わぬ。そこへ通りかかったフィロクテテス（またはその父）が点火の役を果たしたので、ヘラクレスは愛用の弓を与えた。

トロイア戦争となり、フィロクテテスも遠征軍に加わったが、途中、レムノス島に寄港したとき毒蛇に咬《か》まれた彼は、咬傷《こうしょう》が悪化して、島に置き去りを喰う。イーリオス（トロイア）の城を抜くことのできぬまま一〇年目に入ろうとしている時、予言ではヘラクレスの弓が攻略に不可欠ということで、オデュッセウスと今ひとりが、レムノスにやってくる。

この物語は、悲劇詩人ソフォクレス（前四九六頃―前四〇六）により『フィロクテテス』に劇化されているから、筋はその本文に当たっていただくとして、その咬傷は定期的に昏絶《こんぜつ》するほど劇《はげ》しい痛みで、臭気堪《こら》え難いものであった。肉毀《こぼ》たれた末期《まつご》のヘラクレスの悪臭は、それと呼応する伏線となっていたのではないだろうか。

デュメジルと馬人の問題

フランスの言語学者であり神話学者でもある、G・デュメジル（一八九八―一九八六）の出世作の一つに、『ケンタウロスの問題』（一九二九）と銘打つ作品がある。

デュメジルは大言語学者A・メイエ（一八六六―一九三六）の弟子で、印欧比較言語学から比較神話学の再建を試みる。

すなわち、冬至祭や春祭としてのカーニバルなど民俗研究から出発して、ギリシアのケンタウロスを、インド・イランの半人半馬ガンダルヴァ（乾闥婆《けんだつば》）とのいわば対位法的関係において究明しつつ、古ローマのルペルカリア祭（牧羊神《ファウヌス》のための冬の豊年祈願祭）の底に秘められた位層へと収斂《しゅうれん》しゆくこの秀作は、なお道半ばだったのであるが、それら秘密祭祀結社の複旋律を、対立は対立なりに結び合わせる軸としての王権概念には、すでに気づいていたと言える。かくて一九三八年には、印欧語族全体に通ずる、世に名高い「聖性・戦闘性・豊饒性」の三区分的イデオロギーを発見するにいたったのである。

神話学におけるコペルニクス的転回とさえ言われるが、松村一男《まつむらかずお》の要約を借りれば、デュメジルは、「インド・イラン語派共住期においては社会が祭司・戦士・牧畜農耕者の三階層から構成されていたと想定した。そしてさらに王政期ローマの太古的な大フラーメンとよばれる三人の祭司が祀る神々、ユピテル（聖性）・マルス（戦闘性）・クイリヌス（豊饒《ほうじょう》性）の機能がインド・イラン語派の社会階層のそれぞれの職能と一致する」ことに気づいたわけである。システムとしての神話という発想は、序章で総覧的に関説したごとく二〇世紀の神話学に革命をもたらした。

以後、フランス社会学派の影響をも吸収し、新たな学説の展開を遂げたこの人の円熟期には触れないが、若書きの『ケンタウロスの問題』が、問題でありつづけることに変わりはない。獣人のあれこれが、春祭なるエレウシスの小密儀と関連づけて掘り下げられているのは、依然重要な視角であることを失わないのだ。

殺戮《さつりく》と花の祭

フォロスの洞窟でヘラクレスが饗応された場面を、思い出していただきたい。英雄には焼肉が供されたのに、ケンタウロス自らが喰《くら》ったのは生肉であった。その後、酒の匂いに引き寄せられて闖入《ちんにゅう》してきたケンタウロスどもとの大乱闘となる。あの殺戮シーンを思い出していただいたのは、神話の古層としてこれらを埋め込む具体的な祭儀との関わりへと、視点を移したかったからである。

ボイオティアはオルコメノスの「アグリオニア祭」。それをここではまず取り上げる。この祭では、ディオニュソスの祭司が女どもを狩り立て、捕まった女は本当に殺されたと伝えられるが、この古都の領主ミニュアスの三人の娘たちには、次のような話がある。

　プルタルコスによれば、祭を蔑《さげす》んでその間も機《はた》織りの手を休めなかった三人に、ディオニュソスの神罰立ちどころに下って、狂気に捉えられる。そして、自分たちの愛《いと》し子らにつき、くじ引きをして、くじに当たった子を八つ裂きにしてしまったのだ（『ギリシアの諸資料』。『転形譚』では、三人は姿がこうもりに変わってしまう）。生肉嗜食《ししょく》の衝動を突然湧き起こさせるという無惨な神慮。不敬の女たちを、人肉喰いの野獣《アグリオイ》ケンタウロスと同列に蹴《け》落としたということである。ディオニュソスの祭儀では人身御供が行われたが、先のヘラクレスの馬人殺し同様、その名残りと言ってよい。

　ところで件《くだん》の馬人殺しの穢《けが》れの浄めが行われたのは、エレウシスの近郊アグライでの小密儀においてであった。地名自体も何やら思わせぶりだが、アルテミス‐アグライ（野獣を統べる女神アルテミス）の神殿で春祭の挙行されている最中のことである。大事なのは、この小密儀の日がアンテステリオン月（二／三月）に行われる「花《アントス》の祭（アンテステリア）」の中日（二日目、「枡《クース》の祭」の日）と同日だったことである。

　舟形山車《ふなだし》に坐乗したディオニュソスの入来をもって幕を開けるアンテステリア祭は、樽《たる》びらきから、聖なる葡萄酒の混和と早飲み、豊饒祈願のための象徴的聖婚へと盛り上がる酒神の春祭なのだが、それは「アテナイやイオニア一帯では何にもまして大切な、死者たちを祀《まつ》る当日であった」。花《アントス》ではなく、「招霊《アナテサスタイ》」こそが、「アンテステリオン」の語源だとする異説さえある。

ワルター・F・オットーは、「亡き人々を心からお迎えすることと切っても切れぬのが、開花と結実の歓びであり、人々を恍惚の境へと誘う果汁《ワイン》の満喫《コエー》であり、それこそ陽気な大はしゃぎである」と総括している。

カリカンツァーリ

原古への遡源《そげん》とは、必ずしも時間を後向きに辿《たど》ることをのみ意味しない。現在の地平を踏み破った奥底に、かえって超時間的本源を探り当てる途《みち》もあり得る。現代ギリシアの民俗学的知見をも有効な補助線とするデュメジルらが傾聴に値する所以《ゆえん》であるが、そこに浮かび上がるのが、カリカンツァーリ（Kallikantzaroi）なる魔ものの存在である。

年の変わり目というと、キリスト教の暦では一二月二五日の降誕祭から一月六日の主顕節（公現の祝日）までの聖十二日だが、カリカンツァーリはこの期間ギリシアの人里を徘徊《はいかい》する魔霊で、「聖十二日の怪物」とも称される。

具体的な民俗現象として、「聖十二日」にはどのようなことが起こるか。ある種の童子たちが年ごとその時期、悪戯《いたずら》をし、かまどの火に放尿し、家の回りをうろついて、女たちを困らせたり道往く者を脅したりする。家の隅の暗がりに陣取った彼らを、司祭が聖水を撒《ま》いて追い出したりしたものである。すると爪も伸び放題の彼らが、異常な猛スピードで疾走して、向かうところ敵なし。一種の発作で、恐ろしい光景は、ヘラス本土からエーゲ海の島々に繰り広げられたものである。

この狂熱は先天性のものであって、「聖十二日」の間に生まれた子たちこそが、潜在的カリカンツァーリ。その一時期だけ、野獣的衝動に身を任せたことになる。それは、ディオニュソスに献げられるアンテステリア祭の間に、身ごもり、かつ生むことを恐れない母親たちへの懲罰と説かれたりもした。

実はこの怪物も、生肉を啖い、酒樽を開け、炬火《たいまつ》の光に遁走《とんそう》するという、ケンタウロスそこのけの所作を反復するのだ。はては女どもを引っさらいさえする。語源的にも、接頭の部分（Kalli-「うるわしき」）を除けば、類似は一目瞭然であろう。問題は日付の差のみであって、爛漫《らんまん》の春ではないというだけのことである。あまり重大視することはない。なぜなら降誕祭や主顕節の設定は、キリスト教とローマ典礼の確立に伴う仕業《しわざ》だからである。

おそらく花祭の季節から年の変わり目へと、暦を逆に辿ってケンタウロスが移動し、カリカンツァーリとして装いも新たにお出ましになった。意匠こそ異なれ、怪物はあくまで春の守護聖人。「野獣なる神々」の二重写しであることに変わりはなかったのだ。

そこで足にロバの蹄ができたりせぬよう、たとえば一七世紀にキオス島では、その期間に生まれた幼童らを焚火へと連れて来て、村人たちの面前で、足の裏を爪が赤くなるまで熱にかざしたのである。現代のもっとお手柔らかなやり方では、子供を炉の中におき、火を熾《おこ》して怖がらせた上で、「パンかい、肉かい」と質問する。「パン！」と答えたら、それで結構なのだが、「肉！」と答えると、人肉に舌なめずりする野獣の擒《とりこ》なのだと思われて、「パン！」と答えるまで質問が繰り返されるのである。

ヘラクレスと馬人どもの乱闘において、先頭切って飛び込んできた奴を撃退する際、火の付いた炬火《たいまつ》を投げつけることをもってしたのは、何やら象徴的である。生肉啖いの彼らに火は脅威であり、かかる火くぐりにより子供は、言ってみれば、ケンタウロスとなるのを免れたのであった。

我々にとっての問題は、諸他の馬人からケイロンが際立つ所以を現在のカリカンツァーリのもとに探り出そうとしても、徒労に終わろうということである。酒に目がなく、女狂いで、歌舞音曲大好きといった世俗的な共通点が見出されるばかりで、それらを凌駕《りょうが》する次元がそこにはない。

二にして一つだったあの事態の一方の極が、現在では宙に浮く。その様変わりを、我々は如何《いか》に解すべきか。このためには今一歩広い根源に遡って、そもそも馬人の存在、あるいは存立そのものに、考察を加えなければならないのではなかろうか。

死と再生

古ローマ、エトルスキの昔から、ケンタウロスは、魂を冥府《あのよ》へと運ぶ者であった。冬至から春分の間、いたるところで繰り出される仮面行列の群像にも、それは見出される。そんな冥府への使者は、実は天文に通ずる占星術的知見の持ち主でもあった。ケイロンの娘ヒッペ（馬の意）は、星占いによる予言の術の祖とされるのだ。

黄道十二宮

星辰の学を体得した射手なる馬人は、いつしか自らが、東方に淵源する黄道十二宮の一つに収まっていた。十二宮占星術が地中海世界の周辺でかたちを整えたのは、一世紀末頃のことらしいが、馬人が獣帯《ゾディアク》に姿を現すのは、その冬の始まりの部分。弓に矢をつがえ、追いすがる天蠍宮《スコルピオ》のさそりを却《しりぞ》けようとする構えの象形が、人馬宮と称し、射手座《サギタリウス》（一一月二三日―一二月二一日）と呼ばれる所以である。

かくて始まる獣帯の冬、つまり奈落の部分を、時計とは逆方向に辿れば、カリカンツァーリが人里に出没する「聖十二日」や馬人復活の春の小密儀に償われつつ、やがて花祭《アンテステリア》と重なる暦のスタート、春分点に近づくという寸法である。

死と再生のこのドラマにおいて、「野獣なる怪物」ケンタウロスは、宇宙の理法に通じた「神々しき怪物」ケイロンへと、見事に転生を遂げるのである。

「神々しき怪物」と「野獣としての怪物」

馬人の前肢の変遷について、二、三の図にご覧いただきたい。ミノア・ミュケナイ時代の出土品では前肢後肢ともに蹄が付いて、むしろ人＝馬と言うべき馬人が刻まれているのに対し、前五〇〇年あたりを境に、上半身から前肢の爪先までが人間

（a）ミュケナイ晩期の彫り込み宝石の文様

そのままで、躯幹《くかん》から臀部《でんぶ》を経て後肢の蹄までが馬身という新しい型の馬人が登場してくる。

（a）はミュケナイ晩期の彫り込み宝石で、肢先の蹄はご覧の通り。（b）は前六世紀なかば頃の壺絵。過渡期だからだろう、新旧両方の馬人が共存している。そして（c）は、赤児アキレウスがケイロンに預けられる例の情景である。何と堂々たる老碩学《せきがく》の温容だろうか。背中より後ろには何かそぐわぬ野獣の下半身を取って付けた姿で。

「神々しき怪物」ケイロンと、「野獣としての怪物」ケンタウロスと。木に竹継いだかたちながら、二にして一つの不思議を現ずるこの光景から、歴史のいかなる深淵を覗《のぞ》き込むこととなるのであろうか。

ルネサンス異能の天才マキァヴェッリ（一四六九―一五二七）は、さすがに事の本質を見透かす慧眼《けいがん》が冴えわたって、『君主論』（18）には次のような議論が、馬人を材料に展開されている。少し長いが、引用しよう。

「君主は野獣と人間をたくみに使いわけるこ

（b）前六世紀なかば頃の壺絵　右端のケンタウロスは前肢が人間の足である

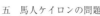

(c)嬰児アキレウスをケイロンに託すペレウス

とが肝心である。……アキレウスを初め古代の多くの王たちが半人半馬のケイロンのもとに預けられて、この獣神に大切にしつけられた。……半人半獣が家庭教師になったというのは、君主たる者は、このような二つの性質を使い分けることが必要なのだ。どちらか一方が欠けても君位を長く保ちえないと、そう教えているわけだ。

そこで君主は野獣の気性を適切に学ぶ必要があるのだが、このばあい野獣の中でも、狐とライオンに学ぶようにしなければならない。理由は、ライオンは策略の罠から身を守れないし、狐は狼から身を守れないからである。……名君は信義を守るのが自分に不利を招くとき、あるいは約束したときの動機がすでになくなったときは、信義を守れるものではないし、守るべきものでもない。とはいえ、この教えは人間がすべてよい人間ばかりであれば、間違っているといえよう。しかし人間は邪悪なもので、あなたへの約束を忠実に守るものでもないから、あなたの方も他人に信義を守る必要はない。それに約束の不履行について、もっともらしく言いつくろう口実など、その気になれば君主はいつでも探せる。」

狐の洞察（prudentia）と、獅子の勇猛（fortitudo）。相容れることのない二つの資質を、一身に兼ね備えさせる。それをこそ帝王教育と称することがもし許されるなら、教える側でこの要件を一身にして充たし得る者がある筈もない。しかるにその奇蹟を現じ得たのが、半人半馬の獣神だったのだということである。マキァヴェッリの見果てぬ夢は、このケイロンにおいてこそ、具体像を刻み得たのだと言うことができるであろうか。

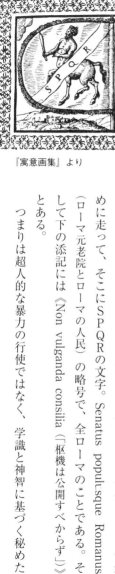

一六一〇年、ブルボン初代のアンリ四世が暗殺されたとき身に付けていたのは、この書であった。当時の絶対君主たちが、マキァヴェッリの明快な理論にいかに惹《ひ》かれていたかということを物語るが、一世代年少のイタリアのローマ法学者アルチアットの『寓意画集《エンブレマータ》』（一五三一）では、ケイロンの象徴的意味が視覚的に開顕《かいけん》されていて、ローマ軍団旗に野獣そのものの蹄をもって描かれるケンタウロスが、もはや弓矢を捨てて、ただ己が印《しるし》としての枝束《えだづか》を手にしている。その像をあたかも袈裟《けさ》がけにするように一条のリボンが斜めに走って、そこにSPQRの文字。Senatus populusque Romanus（ローマ元老院とローマの人民）の略号で、全ローマのことである。そして下の添記には《Non vulganda consilia（「枢機は公開すべからず」）》とある。

『寓意画集』より

つまりは超人的な暴力の行使ではなく、学識と神智に基づく秘めたる国家理性が、ケイロンなる馬人に象徴されているのである。そう言えば人馬宮の星の下に生まれた子が、このケンタウロスの影響下、統治と金融での高い地位への適性の持ち主だとされるのは、往時より占星術の見解とするところではなかったろうか。マキァヴェッリの識閾下にも、その観念は埋め込まれていたに違いない。

はためく軍団旗にまで遡る伝統の残影がルネサンスにまで尾を引く壮観は、さすが古代帝国の故地であることを思い知らされる。

ケンタウロスとロバ

ところで、馬人と言うと、その姿は当然ウマと人間の接合体が思い浮かぶし、図像の上でもその通りなのだが、実は必ずしもウマ＋人間とは限らない、というのがフォーゲルの説である。

ケンタウロスの語源に関しては、「牡牛《タウロス》を刺す《ケンテイン》ことから（apo tū kentein tūs taurūs）」くるとする意見が古代からかたちづくられていて、すると馬人は牛追いだということになってしまう。だが、裏付けとなる神話がない上、言語的にも難点があるから、語の後半をむしろ -auros とするところからの出直しになる。風《アウラ》、耳《アウリス》などを緒《いとぐち》とするさまざまな仮説が提出されてきたが、なお無理がなくはない。中には同じく半人半獣のミノタウロスと比較して、半獣の部分の表示はむしろ、合成語の前半部だとして論をなす語源学者もいるが、臆説に過ぎない。

が、フォーゲルは、ここで発想を転換する。「kanthērios《カンテーリオス》（荷ロバ）」から出発するのだ。歴史的・社会的に遙かに現実を踏まえていて、著者としては、この説に与《くみ》したくなる。

すなわち、運搬用の役畜としてギリシア人・ローマ人が使用したのは、ロバでありラバ（騾馬）であったが、これらは落ち着いていて、乗る人が眩暈《めまい》を覚えることのない、足どり際立つ動物どもであった。落ち着きがなく勇み立つ馬には、荷運びの役がろくに果たせる筈《はず》もないのだ。やむなくそんな役回りを馬に押し付けるには、去勢しなくてはならなかった。

荷ロバ《カンテーリオス》はたしかにケンタウロスと音声的に近いわけであるが、すると馬人たちは、家畜飼育の初めロバやラバを追い立てた、まさしく草分け的存在だったのかもしれぬことになる。つまりは「追い立て役《ケントレス》（kentores）」として、そのまま「刺す《ケンテイン》」というあの語源解とつながってくるのではなかろうか。

馬人が、そうした役畜を追いつかう者であるとすれば、我々はロバのごく身近にそうした者の影を感じているのだ。

馬が家畜化されるのは、推定年代に幅はあるが、おおむね前三〇〇〇年頃かと推測されている。それに対し、ロバの家畜化は、前四〇〇〇年紀の出土資料でも確証されるのだ。いやもっとずっと前からそのようなことになっていたものの、北東アフリカ生まれのロバがロバ追いともども地中海南岸に姿を現すまでに、恐ろしく長い年月を要したということに過ぎまい。ゆえに馬人《ケンタウロス》とは本来ロバ馬人《オノケンタウロス》だったのであって、ウマ馬人《ヒッポケンタウロス》は後代の造語に過ぎないとフォーゲルは言う。いわゆる馬人が、もともとはロバ馬人として地上にお目見えしたものだと見る所以である。

ロバ馬人というと、人間とロバの交配の産物ととられそうだが、人と他の動物との交配とは具体的に、どのような情景があるのであろうか。フォーゲルの大著などに一端にもせよ関説することは、あまりに途方もないこととなるので他日に譲りたいが、旧知の某インド学者の実体験をのみ一つ御紹介して、読者の御想像に委ねよう。

この人は道でヤギがつながれているのに出くわしたが、「白い毛でおおわれた山羊の下腹部にピンクの細長い物体があるのに気がついた。……ピンクの物体は勃起したペニスであって、細長く、二〇センチ以上の長さがあり、先端が上にそり、つや光りしていた。……が、やおら陰茎の尖端をわたしの方に曲げると、白い液体を噴出させた。わたしはあわてて跳びのいた。かれは精液を優に六、七メートルは飛ばしたのである。……しかも平然とそれをした。わたしはかれの精力絶倫なのと、陰茎を先端だけ曲げる能力とに圧倒された」。

獣姦《ソドミー》と言うと何か抽象的で現実感に乏しくなるが、ロバ飼育者におけるロバなる発情動物との人畜一体ぶりとは、おそらくこのような性欲をも基軸とするものだったのであろう。

かかるロバ馬人から「ロバー」（Ono-）の部分が消える、あるいは意識されなくなるのは、後述するように、ウマの優越という歴史の趨勢《すうせい》があって、反比例して劣勢に立たされるロバ、ならびにロバ馬人が貶視《へんし》の対象となっていったからではないのか。

カリカンツァーリにしても、あの「火くぐり」は、本来の趣旨から外れてしまっているのではなかろうか。

エレウシスの穀物女神デメテル自身が、育ての子を不死にしようと、夜な夜な嬰児《えいじ》デーモフォンを火中に置いた。もっともこの子は、実の母親の不始末から火中に置き去りにされ、焼け死んでしまうのであるが。これがエレウシスの祭儀の縁起であって、子供に火くぐりさせるのは、エレウシスの小密儀においての入会式《イニシエイション》の目玉だったことになる。同様に火の洗礼に浴したアキレウスが託されたのは、八宗兼学の聖人君子ケイロンにであった。

すなわち火による野獣性の克服は、絶対矛盾的存在なる勝義の馬人への止揚《しよう》をこそ願うものであった筈が、カリカンツァーリにあっては、異教的魔霊的なものとされて、「火あぶり」は魔神信仰《デモニスム》の脅威から普通の子を守ることと考えられるようになっている。キリスト教の仕業だ。

馬人は中世にもささやかな群小芸術の場などに人知れず余喘《よぜん》を保ち、さらに近世にかけては、獣帯《ゾディアク》の射手座などが彼らの最後の領分ということになるのだけれども、ルネサンス以降の造形では、馬人の前肢から蹄を去って人の足にする馬人の人間化に、強いて意を用いることもなくなる。馬人観の凡庸化は争えぬ趨勢なのだ。

日進月歩してやまぬ近代の本流は、徐々に馬人どもをも、ケイロンとはあまり関わらぬ次元での、猥雑滑稽《わいざつこっけい》な道化役たるサテュロスじみた存在へと矮小《わいしょう》化して終わるであろう。その馬人の前肢が有蹄であるか否かなど、もはや問題になることもない。ひとしなみに四肢とも蹄であることに、別段不思議はなくなっている。

が、何ぞ図らん。長靴を履いた猫ならぬ、「白ソックスを履《は》いた馬人」が現れたのである。ソックスを履いた後肢が爪先立って馬体と前肢を下から斜めに跳ね上げ、馬体の上体をなす人身が宙に浮いた前肢にソックスを履かせている。それは現代のソックス会社の宣伝ポスター！　蹄どころか、新商品のコマーシャルになってしまった。

ロバ馬人の転落譜は、堕《お》ちも堕ちたり、遂に底まで達したことになるが、さてこうして先途《せんど》を見届けた上で、転落に先立ち、ロバ馬人なる存在がかつてどのような史の風景を繰り広げたか、フォーゲルの場合は、音楽が基軸となるのだけれども、その足跡を一端にせよ辿りつつ、本書は本書なりのパノラマを、無謀と承知しつつも、ご覧いただくことにしよう。

(2)ちなみにプラトンの学園アカデメイアの跡継ぎは、師によりロバに比べられたクセノクラテスであった。重厚な深慮の人としての声望による。早く去ったアリストテレスは、才気の人として駿馬にたとえられた。フォーゲルによれば、初期キリスト教時代にも、ロバは教師として人に違和感を覚えさせることなく、かのロバ馬人《オノケンタウロス》ケイロンとのある類同が尾を引いているという。

六　音楽の誕生とロバ飼育

歌くらべでアポロンが弾じた竪琴の発明につき、経緯《いきさつ》を明かす愉快な話がある。伝ホメロスの『ヘルメス讃歌』(前六世紀末?)にあるものである。

ヘルメスとアポロン

ヘルメスはアポロンの弟神なのだが、「策略に富み奸智《かんち》に長《た》けた」この神は、ニンフである母の不死なる胎内から跳び出すと、「はや昼間には竪琴をかき鳴らし、日暮れには遠矢射るアポロンの牛を盗んだ」。

生まれたての童児神は、さっそくに牛どもを探しに出かけると、庭の戸口のあたりで一匹の亀を見つけ、そやつをひっくり返して小刀で生命をえぐり出した。そして、「葦の茎《くき》をそれぞれ程よい長さに切ると、亀の甲羅を差し貫いてしっかり取りつけた。その上から巧みをこらして牛の皮を張りまわし、腕木《うでぎ》を造りつけ、横木を渡して固くとめ、よく鳴り響く羊腸の弦を七本そろえて張った」。こうして竪琴ができたのである。

つぎはぎ細工めいたこの讃歌の第一の山であるが、次いでは今ひとつの山、「ヘルメスがアポロンの牛を盗む話」の一部始終が語られて、犯人を探し当てたアポロンとの喜劇的な丁々発止となる。

最後はオリュンポスへと赴《おもむ》いた兄弟が、ゼウスを前に再び雄弁を振るうくだりがあって、言葉巧みに言い遁《のが》れする幼児の奇才に呵々《かか》大笑したゼウスが、両神和解して牛を探すよう命じ給う。

こうして「悪賢い小僧」の案内で、盗んだ牛の隠し場所へとやってきた兄神の心をなだめるのも、ヘルメスにはお易《やす》い御用である。弟神が竪琴を奏でて神々を讃える歌を朗々と謳《うた》うと、兄神は「こよなくも神さびた響き」に、胸の底まで揺さぶられて和解を申し出、弟ヘルメスも心魅する竪琴をアポロンに差し出した。

それでも、やんちゃ坊主の兄への対抗心は相当なものだったようで、牛泥棒から帰ってこっそり揺籃《ゆりかご》にもぐり込んでいる赤子に対し悪事を察した母が咎《とが》めるのへ、「盗人の論理」を振りかざして抗弁するうちにも、「誉《ほま》れについて言えば、わたしもアポロンと同じ祭礼をわがものとするでしょう」などとほざいている。偉大な兄神に張り合おうとして、反抗心むき出しなのだ。

音楽の神アポロンのお株を奪うような話になったが、ヘルメスの方はむしろ、「発明の神」とすべきであろうか。否、結局は竪琴の神アポロンの誕生も、ヘルメスの同意によったということであって、通念とは逆に、音楽の神としてのヘルメスの優位性を説く縁起譚《たん》になってしまっている。

見方によっては、それは、下層民衆のヘルメス信仰が、上流階層のアポロン崇拝に対してぶつける対立意識の反映である。ヘルメスは、オリュンポス十二神のうち最も末輩の青年神である。アポロンと競合する文化英雄でありながら、庶民的な二流の神格にとどまった。ヘルメスの発明品たる竪琴の贈与も、下層から上層へと音楽が吸収されていった過程を象徴しているのかもしれぬ。

ちなみに『ヘルメス讃歌』などが成立したのは、牛泥棒をも一種の手柄と見なすアルカディアの牧人の間で発生したものを原型として、ボイオティアにおいてだと考えられる。

この神をめぐる神話・伝説の類は意外に少なくて、長大なこの讃歌が文学史上比類ないのだが、作品全体が小讃歌のつぎはぎ細工のごとき趣を呈して、最後には別人の手に成るものと思しい蛇足のような部分さえ付け加わる。ここには、アポロンに竪琴を譲った代わりに、「ヘルメス自身はまた別の技術を新たに工夫して、遠くにまで音のよく通る葦の笛《シュリンクス》をこしらえた」と見えるのである。この部分はアポロン贔屓《びいき》の色彩が濃いのだが、笛吹く平均的なヘルメス像をかえって浮かび上がらせていると言える。

アポロドロスは『文庫《ビブリオテーケー》』で、弟の竪琴を聴き感佩《かんぱい》した遠矢射る神《アポロン》は、取り戻した牡牛をまた弟に返してやった、と記す。そして「ヘルメスはこれを飼いつつ、また葦笛を作り上げて吹いていた」と。なおアポロンは笛も欲しくなって、これも手に入れたのだが。

竪琴VS.葦笛

竪琴《リューラ》と葦笛《アウロス》――拮抗する二つの音楽文化の斬り結びと混戦模様が、ここには演出されている。音楽史的舞台に置き直すとき、いかなる風景が眺められるか。

ミュケナイ人にとり証《あか》しされるおそらくは唯一の楽器、竪琴から始めると、彼らはこれをミノア文明圏から手に入れたのであった。すでに一〇〇〇年以上にわたり、近東でゆっくり進化してきたものである。むろんエーゲ海にも、先立つ前三〇〇〇年紀の多島海文明《キュクラデス》があって、ハープ、二連笛《ダブル》、牧笛《パーンパイプ》などを奏する小像群を出土させるのだが、小アジアとの類縁を示す非ギリシア的なものであるに過ぎない。土着のたぶん単純な牧笛や角笛《ホルン》のような民俗楽器も温存していたらしいが、壁画その他から判ずる限り、宮廷で奏《かな》でられるのは、やはり竪琴で、高い品位を誇っていたことであろう。

ミノア・ミュケナイ時代（前一四五〇頃―前一一五〇頃）の竪琴は、弦長を同じくする七弦ないし八弦だから音域は広くないが、前一一〇〇―前七〇〇年頃には三弦または四弦が正式になって、音域はいっそう狭く、控え目な歌唱ぶりだったであろう。叙事詩の吟唱もその例に洩《も》れまい。

やがて前七世紀、初期アルカイクの時代になると、考古資料をはじめ文字伝承も格段に豊かとなるが、音楽も重要な発展と分化を遂《と》げたと思しい。竪琴の意匠は、七弦楽器が再び普及した上、基部に丸味のある七弦琴・キタラや、平底で腕木のつくりが異なる新型までもが登場してくる。それらは天才テルパンドロス（前七世紀前半）と弟子ケピオンによる革新なのだが、レズボス島出身の卓越したこの七弦琴《キタラ》奏者たちが活躍したのは、実にミダース二世の治世であったとされたりもする。

ちなみに竪琴そのものの発祥となると、前三〇〇〇年紀に遡り、メソポタミアのウル遺跡からも出土するのだが、とりあえずは考慮の外に措《お》く。

葦の笛――笙笛《しょうてき》――の方はいかん。これもまた、オーボエに代表される複簧《ふくこう》楽器の祖型として歴史を辿《たど》れば、竪琴と同様ウル王墓の埋葬品に同類が見出されたりするが、こちらも括弧《かっこ》にくくろう。するとギリシア世界にあっては、笙笛が史的に確認されるのはようやく前八世紀で、それ以前には遡らない。ミュケナイ宮廷文化の都雅《とが》なる後光を負う竪琴に対して、到底勝ち目はないであろう。

　竪琴におけるテルパンドロスの向こうを張るのは、笙笛におけるオリュムポスだけれども、ギリシアにそれを招来したとされるフリュギア（またはミュシア）出身のこの名演奏家が偶像視されるのは、せいぜいが前五世紀からのことである。歌くらべでアポロンに敗け皮を剥《は》がれるあのマルシユアスの、実に愛弟子《まなでし》としてオリュムポスの名が『転形譚《メタモルフォーセス》』に登場するのは、すでに申した通りである。

亀の竪琴を持つヘルメス

　竪琴がどちらかと言えばアポロンにふさわしく、笙笛がヘルメスにこそお似合いと見えるのは、オリュンポスの宴の寵児には宮廷的な竪琴がしっくりしているし、つば広帽子《ペタソス》を被り黄金づくりの伝令杖《ケリュケイオン》を携えた神速な交通の神には、遊牧《ノマド》空間を行きかう牧人の楽器――葦笛――こそが似つかわしいからである。

　もっとも、撥弦《はつげん》楽器と吹奏楽器と、「発明の神」にとっては本来何の区別もなかったことであろう。奏する「音楽の神」にとっても。

ヘルメスが、アポロンの向こうを張る「音楽の神」であるにせよ、この場合の眼目は、牧人が畜群を駆り、かつまとめるための楽器を発明することにあって、その限りでは、でき上がるものが必ずしも笙笛の類であるとは限らなかった。竪琴自体が、そもそもはヘルメスの発明によったものではなかったろうか。

それにしても『ヘルメス讃歌』に投影される二つの音楽文化の対決、あるいは混戦の卍《まんじ》巴《ともえ》は、同じき遥かなる鬨《とき》の声を、ミダース王の物語にも何と反響させていることか。

亀とロバ神

ここにポンペイ出土の青銅製円盤がある。竪琴と七弦琴を携えるヘルメスの像がここには描かれているのだが、図中一基のスフィンクスが目につく。ヘルメスのエジプト出自を暗示するのだ。

問題は、この神の竪琴づくりが、亀の甲羅を土台とするものだったということである。パウサニアスによれば、このことがあったのは、アルカディアなるキュレネ山に接したケリュドレア山でのことであり、語源的に「亀《ケリュス》」と「贈物《ドレア》」との合成がその山の名になると説明される。

しかるにセルヴィウス（四世紀後半のラテン語文法家）によれば、こんな仕業がやってのけられるのは、ナイルの河畔でしかないと噂されているらしい。つまりこの大河の年ごとの氾濫の後、水が引くと亀が地上に取り残される。強い陽光を浴びて肉が干からび、甲羅のほかは軟骨と腱《けん》を残すのみ。暑熱の中にそれらも収縮して、響きを発し得るようになった。ヘルメスがこれに蹴つまづいたとき、発する音響に魅了されて、竪琴づくりをする気になったというわけである。

アルカディアとナイル河畔と、いずれの蓋然《がいぜん》性が勝るかはにわかに決しがたいが、図像に徴する限りは後者に軍配を上げざるを得まい。ならばヘルメスはアフリカからやってきたのだ。どのようにしてか。それにはヘルメスという名そのものに問うてみるがよい。

フォーゲルによれば、ヘルメス（Hermes）は子音語根《ごこん》からするとh-r-mなのだが、共通セム語でのロバはh-m-rで、音位転換《メタテシス》h-m-r>h-r-mを認めてもいいとするなら、ヘルメスとはロバ神だということになるからである。ロバを率いて北東アフリカからやってきた者として。亀の竪琴もそのようにして伝えられたのではないか、という想定である。著者としては判断を保留する。それだけではなお地理的にも飛躍が過ぎるゆえに。いやその前に、ギリシアの神格の本体を突きとめるのに共通セム語などを持ち出すこと自体、常識では見当外れとされそうである。

ただフォーゲルの場合、基本的には名よりも実体が先立つとする立場である。ヘルメスがオリュンポス十二神の内に数えられるギリシアの神であるにしても、そのことがセム語による解釈を妨げるも

スフィンクスのいるヘルメス像

のではない。前二〇〇〇年紀、ファラオの帝国が保護領としていたカナンやアモリの地は、ハビルの民（ヘブライ人）の往き来するところであったが、ヘルメス神が、累石堆《ヘルマ》に象徴される道祖神としての役割から始まって、都市の商人や交易通商業者の神、どころか狡賢《ずる》いすばしこさゆえに泥棒や掏摸《すり》の親玉、はては死出の旅路を先導する「亡魂《プシュコ》の案内者《ポンポス》」だとなると、その行動半径は北ギリシアから多島海一円だけに限られるものではなかったに違いない。ちなみにヘルメスのローマ神話における名、メルクリウスとは、「商品《メルケス》」に関係する。

ここは保留付きながら、フォーゲルの創見に耳傾けてみてはいかがであろう。状況証拠を突き合わせると、やはりヘルメスはロバ神らしいのだ。添え名の一つは「キュリオス（κῦλλιος）」なのだが、イオニア語でロバを意味するキリオス（killios）が当てはまる。前記のキュレネ（kyllene）山にしてもキリオスに則った命名とすれば、いよいよヘルメスはロバの国の支配者ということにもなろう。

ところで「キリオス」と言えば、先に記したラピタイ族の結婚の祝宴に招かれた馬人《ケンタウロス》の一味の大暴れにおいて、雲から生まれた半人半馬の連中の中では類稀《たぐいまれ》な美貌だったキュラロス（kyllaros）にも、当てはまる。「嘆賞おくあたわざる、名工の彫像を思わせる」この馬人は、大乱闘で飛来した槍《やり》に身を貫かれて息絶えるのだが、相思相愛の麗しい女馬人ヒュロノメは槍の上に俯《うつぶ》せになり、これも息絶えながら愛する情人《ひと》をかき抱いた。『転形譚』（XII. 333）に披露される悲話だけれども、なんと美《うるわ》しいケンタウロス、否、ロバであろうか。

野生ロバとしてのケイロン

ロバ人は、ロバ追いにとどまるものであろうか。そうではない。それは同時にロバの飼育者であり、どころか最も早い時期には狩人ですらあったであろう。原古から飼育者にとり重要なのは、飼育する獣に一定の野性を維持させることであったが、ロバ飼育者がそのため講ずる手だては、野生ロバとの交配による品種の改良だったのである。すると野性のままに生け捕られた種《たね》ロバのごときは、その切り札の筆頭第一に位置づけられよう。

ケイロンが馬人のエリートとして「神々しき怪物」でありつつ、どこまでも「野獣としての怪物」であった、あの難問《アポリア》を思い起こしていただきたい。現代人にとり、どうしてもそれは矛盾であった。デュメジルにあっては、冬から春への密儀で、死と再生のドラマの中に矛盾の止揚《しよう》される途《みち》が探られたことになるが、端的に今、ロバ馬人としてのケンタウロスから出発するとき、ケイロンの問題はいかなる展開を見せるであろうか。

右に記した通りこの場合も、野性の維持という飼育の要諦《ようてい》が問題となるであろう。卓越した馬人としてのケイロンも、あくまで「野外に生きる《アグリオス》」という意味において野生ロバ（onos agrios）に違いなかったからである。けだし、「アグリオス」とは、栽培とか馴致《じゅんち》の対極をなす、自然状態を意味する。ロバのトーテミズム的祭祀《さいし》においても、ロバ神は常に野生ロバと解されていた。ケイロンも、まさに野生の種ロバを象徴するものと一般に解されたのである。「毛並よろしく、制御されることもなければ、馴《な》らされることもなかった」とノンノス（『ディオニュソス譚』XIV. 51）も請け合っている。

ケイロンとはつまり、野獣なる怪物でありつつ、交配でよりよき品種を生み出す種ロバであることにおいて、神々しき怪物でもあった。そのこと自体が、矛盾を止揚しているのではないだろうか。

酒と交配
――音楽の原点――

ところで交配に関しては、興趣誘う語源解が一つ絡まる。ギリシア語の「酒《オイノス》(oinos)」が「ロバ《オノス》(onos)」と音声的に近いのである。

めでたき宴での馬人どもの大立ち回りは酩酊《めいてい》にまかせての有頂天ゆえであったが、牝馬と牡ロバとの交配によりラバを生ませようとする際にも、交尾は酒を飲ませて恍惚たる陶酔のうちに実現させる習慣があったらしい。偶然の暗合だろうか。

ヘブライ語でも、「酒《ヘメル》(hemer)」は「ロバ《ハモール》(hamor)」と似ていて何やら思わせぶりであるし、ロバ革でできた（酒の）革袋の収容能力と解される「容量《ホーマエル》(homaer)」等々も、同一語群をかたちづくっている。

酒を飲ませての酔い心地での交尾の実現ということに関しては、もう一つ重要な要因が絡んでくる。楽人の伴奏がこれを促進したのだ。しかもロバを興奮させるための楽器、飼いならすための楽器は、当のロバから作製されたものであった。すなわち、ロバが死ぬと、ティンパニなど太鼓の類が皮革から、笛の類が肢の骨からこしらえられるわけである。

ただそのような環境から醸《かも》し出される「音楽」とは、どのような音楽だったのであろうか。黙々として荷を負うおとなしい忍苦のロバという我々の先入見とは裏肚《うらはら》に、たとえば荷を下ろしてやったとき、あるいは何か嬉しいことがあったり、悪ふざけしようとしたりするとき、ロバどもの上げる叫喚《きょうかん》は、我々の度肝を抜くようなものであった。ペルシア軍のスキュタイ攻めでは、ロバの嘶《いなな》きが敵の軍馬を回れ右させてしまった程だし、そのセンセイショナルな効果を狙って、この嘶きがロバの祭儀の重要な一環とされたりもした。おそらくは現代の我々の耳には、不快を催すものであったであろう。

だが、それこそがロバ人における「音楽」であった。ロバの体からつくった楽器の発する音も、本来はロバの叫びを模倣したものであり、かつ弱々しい人声を補うことを目的としていたに違いない。たとえば『旧約聖書』においては、この場合は雄羊の角のラッパなのだが、ヨシュアが世界最古の町エリコを陥落させるとき、七日の間毎日、神の櫃《はこ》を担いで町の周りを巡るよう祭司たちに命じ、七日目、七度目のラッパを祭司たちが吹いた時、ヨシュアは民に言った。「呼ばわりなさい。主はこの町をあなたがたに賜わった」と。民はラッパの音を聞くと同時に、「みな大声をあげて呼ばわったので、石がきはくずれ落ちた」のである（ヨシュ六：一六、二〇）。

いや、そもそもヤハヴェなる名からして、それを「ある《ハーヤー》（hāyā'）」に還元し「あらんとしてあるもの」などとする、さも深遠そうな語源解に我々は寄りかかり過ぎてはいまいか。でももっと端的に、これをロバの叫喚《I―A》から導き出すこともできなくはないのだ。

例の「ハレルヤ」にしても、そこに核として包み込まれているのは、ロバの叫び《I―A》と驚くほど近い類音だとされたりする。ヘブライ語で《h-l-l》とは、ヤハヴェを讃えて「歓呼する」ことであるが、リュビアのトゥアレグ族の言葉《hulal》は野生のロバを指し、第一義的には「喚《わめ》くもの」を意味した。同じくハレルヤでも、キリスト教会の敬虔なそれではなくて、何ともけたたましい荒っぽいものではあった。原初における遊牧生活の「音」であるが、音楽の誕生の意外なルーツではあるまいか。

欲情に歓びを爆発させる、天地をも動かすロバの叫喚が「音楽」の原点であるとすれば、その「音」によりよく共鳴し共振するのは、理想的にはロバの体からこしらえられる楽器であろう。

その点、最も完璧に近いものがバグパイプである。皮革をよく叩きなめせば革袋ができ上がったし、そこに差し込むパイプも肢骨からつくることができた。脇の下に革袋をはさんで、革袋の中に吹きこんだ空気を押し出しながら音を出す。素朴さにおいてこれに勝る味はないであろう。しかも遊牧民の今ひとつの機能たる冶金《やきん》に関しても、同じその革袋が送風器の役を果たすのだ。ちなみにバグパイプは、フランス語ではミュゼット（musette）と言う。語源を尋ねれば、ヴェネト語のムーソ（muso,「ロバ」）であり、さらにアルバニア語のムシュク（mušk,「ラバ」）を経て、小アジアにまで遡ってゆく。

　イオニアの抒情詩人アナクレオン（前五七〇頃―前四八〇頃）によれば、ラバの飼育を開発したのは、小アジアのミュセル（Myser）なる部族であったが、ムシュキ（Muski）という隣接部族がいて、アッシリアのティグラト＝ピレセル一世（在位前一一一五―前一〇七七）の碑文にも言及されている由である。このムシュキが、サルゴン二世の時代には蕃王《ばんおう》ミターの支配下にあり、ムシュキのミターとは、フリュギア王ミダース二世であることは、先述の通りである。

　ギリシア人がフリュギア人ないしムシュキから受容したのは、ロバ・ラバ飼育にとどまらず、音楽の本質的な部分もまたそうであった。ギリシア音楽の創始者オリュムポスとその師フリュギアのマルシュアスのあの経緯も、この間の事情を象徴する挿話にほかならない。ギリシア音楽の東方的な出自は、その音階が小アジアの諸々の民族名により標示されている一事にも窺《うかが》われるのであるが、ギリシア人は、ムシュキの族《うから》を特徴づける音楽一般をも、総じてその種族名に則り「音楽《ムシケー》」と名付けたのではないか。

　なお推論の域にとどまるとはいえ、ミダースの物語は「ムーサ（Mūsa, 詩女神）」の語源をめぐっての興味尽きせぬ問いをも突きつけているのである。

ロバの色情

音楽の命題はひとまず措き、野生ロバの発情期における不羈《ふき》奔放に話を戻す。「ヒュブリス」という言葉があって、これは神の咎《とが》めをも蒙《こうむ》りかねぬ死すべき人間の傲慢不遜を言うギリシア語であるが、対応するラテン語（hibrida）は野獣の混血、とりわけても交配獣たるラバを意味して、m＞b の音声変化を認めれば、ともどもセム語の「ロバ（ḥ-m-r）」に包摂《ほうせつ》される。

ここで言いたいのは、言葉の問題よりも、人間において自戒すべきそうしたありようが、ロバにおいては最も重要な愛すべき資質だったということである。場所柄もわきまえず花嫁を引っさらったりするあの女癖にしても、ロバ・ラバ飼育者の立場に立てば、自ずと意味合いが変わってこよう。花嫁や若妻相手のあの不埒《ふらち》も、交尾という積極的動機が底辺にはあるからであって、それはロバ飼育の世界では賞《ほ》められこそすれ、非難される筋合いでは毫《ごう》もないのだ。

ボイオティアはタナグラ出土のテラコッタに、ロバやラバの小品がしばしばお目見えする。陰茎勃起《イテュハアリッシュ》のあられもない姿なのだが、ケイロンすらもが、そんな姿でニンフの背後に寄り添っていたりする。ラテン語で「双脚のロバ（bipes asellus）」は、「ワイセツ行為に長じた者」の意味になるのである。あけすけな例をもう一つ加えよう。二世紀のローマ皇帝コモドゥスは、とびきり見事な一物の持ち主だったある男をわがロバと名づけて、寵愛し、金持ちにしてやったばかりか、神官

ヘファイストスを乗せたラバ

に取り立てたものである。

以上、要するに、ロバ飼育者にとり頼みの綱が、一にも二にも種ロバが交尾する底抜けの歓喜であったことを言おうとしたまでであるが、不羈奔放の発情ぶりは、交尾期には嬉しさのあまり跳《は》ね転《まろ》びつ大はしゃぎするほどのものであった。種ロバや牝馬の自然《さかり》の猛威は、いいもわるいもない、善悪の彼岸だったのである。逆にそれを人間界に投影すれば、どのようなことになるであろうか。後宮《ハーレム》《harem》だって、音位転換《メタテシス》すればロバ《h-m-r》に帰着するのだ。

色情にかけては、ラバもおさおさひけをとるものではなくて、後代の影像からしても、魔女裁判での魔女の調書に顔を出す悪魔のごときは、陽物《ファロス》がさながらラバのそれ、まるで腕みたいに長くて太い一物ではないか。鍛冶神ヘファイストスを背に乗せた上、勃起した男根《ファロス》に酒壺の把《と》っ手を引っ掛けたラバの壺絵をご覧いただきたい。

獣人と馬人

ところで馬人どもの中の別格は、ケイロンの他にフォロスがあって、アルカディアの山中でシレーノスと森の妖精《ニンフ》の間に生を享《う》けた者だったことを御記憶だろうか。

春ごとに悲劇と併せて上演される狂言風のサテュロス劇は、ペロポンネソス半島からアッティカへ伝えられたとも言われるが、シレーノスに限っては、小アジアのフリュギアやリュディアを本拠としていた徴候が少なくない。やがてサテュロスを山羊人間とし、シレーノスをロバ人間とする通念が形成されてゆく。ただしアッティカのサテュロス劇では、サテュロスは決して山羊人間ではなく、むしろウマ、ロバ、ラバを一括した馬類人間であることも付言しておかなくてはならないのだが。

問題はサテュロス／シレーノスと、ケンタウロスの相関あるいは接触である。フォロスの存在は、まさに両者のアルカディアにおける交差から生じたものだが、陰茎勃起の姿勢でニンフを追いかけ、婦女誘拐もはばかるところがない行状は、なんと両者いい勝負であることよ。たとえば、形状、意匠、重量ともまったく同じマケドニアの彫り込み宝石が出土しているのだが、一方は女さらいのサテュロスを描いており、もう一方も同じく婦女強奪のケンタウロスが彫られているのだ。

いずれも女の尻を追いかける魔霊《デーモン》として、人間の邪悪な仇《かたき》であることにおいて同じ穴の狢《むじな》であるにせよ、両者がはっきり分かたれる一点がある。すなわち、サテュロスが敵対的な怪物として人間と戦闘状態になるといった話はないのに対し、ケンタウロスはテッサリアあたりの典型的な山の怪物として豪勇無双、人間の比類なき勇士たちと戦っている。打ち倒した野獣の肉を生のまま貪《むさぼ》り喰《くら》う彼らは、人間との野蛮な闘争を展開して、引っこ抜いた樅《もみ》の木や岩塊を武器として大暴れなのだ。

ただし次の一事は見落としてなるまい。馬人どもが武器としたのが、岩くれだったり根こそぎにした樹の幹だったりするそのことは、裏を返せば、基本的に彼らが無防備だったということである。少なくともヘラクレスの弓で射すくめられたりすれば、一たまりもないであろう。騎士が馬を駆り戦車が砂塵《さじん》を捲《ま》き上げる英雄時代からすれば、彼らはむしろ平和の徒輩と言ってよかったのである。

ヘラクレスと戦うケンタウロス

ロバ遊牧民の本領

ヘラクレスと戦うケンタウロスの図をご覧いただきたい。半神を向こうにまわしたこの馬人が手にする弾丸《たま》は岩塊であり、英雄の振りおろす棍棒《こんぼう》の一打も頸《くび》の周りに結《ゆ》わえつけた獣皮で防ぐつもりでいる。鍛造《たんぞう》した槍も楯《たて》も持たぬとあっては、無防備と同じであろう。

しかるに勇猛並びなきアキレウスの頑丈なあの大槍は、ケイロンが作製してアキレウスの父に贈ったものであった。となればケイロンは鍛冶師でもあったということになる。ケンタウロスがそのような工匠だったかという問いに対し、否定的にのみ答えることは許されぬのではなかろうか。それに狩人としての馬人、とりわけ狩猟の手ほどきもしたケイロンが弓を操るのは当然であろう。

にもかかわらず、馬人闘争《ケンタウロマキア》の図にこの武器の影を見ないのは、彼らが戦士たることを欲しなかったからであろう。戦争を避け平和なくらしを手にしようとしたからであろう。武器を製作するにしては彼らが幼稚過ぎたというごとき説は、ペリオン山窟なるケイロン先生の士官学校を目の前に突きつけられれば、まったく成り立たぬことになるのだ。ギリシアで御曹子《エリート》が習得する戦士としての技芸百般を馬人がここで修めたとするならば、武器の操作にも習熟しなかった筈《はず》はない。あえて武器を振り回さぬのは、その使用をためらったからにほかならない。

　結局、馬人が自らを律するこうした一線を守ったのは、ロバ人として、温和で、無欲で、生きる歓びを満喫する、ロバの振り見てわが振り直し得たからではないだろうか。

　無防備に等しいロバは、しかし、身を護ることができぬわけではない。ロバの群が猛獣に襲われるとしよう。すると彼らは頭を内に、尻を外にして円陣をかたちづくり、攻撃してくる奴を鋼鉄のように硬い蹄《ひづめ》でもって蹴り上げるのである。石ころだらけの地面であれば、雨あられの石つぶてを蹄で敵に浴びせかけて、命とりにさえなりかねない。ロバのこんな防衛メカニズムは、馬人の、これといった武器を所有せず、石や幹で武装するというあのやり口と、見事なまでに合致する。

　もっとも石の弾雨で敵を倒すと言っても、婚礼で嫁さらい騒ぎがあったあのラピタイの一族カイネウスに対する場合は、倒れ伏したのを岩石や樹幹で土中に覆ってしまうのだが。なぜって、馬人との戦闘に参じたこの人は、もと女の身そらが、ポセイドンの愛を得て、宿願だった男への転身を

木の枝や岩塊を武器にして戦うケンタウロス

叶えてもらった上、決して傷つけられることのない不死身の戦士になり変わっていたからである。

この勇士が最後にどうなったかと言えば、積まれた樹木の重みのため下界へ落ちたという説もあれば、金色の翼を持った鳥となって澄んだ大空へと昇っていったとも言われるが、女から男へ、人間から動物へのこの転形《メタモルフォーズ》は、死と再生のカーニバル的変身の暗喩であろうか。

ともあれロバなるケンタウロスの放つ石つぶての烈《はげ》しさは、カイネウス以外、死を免れぬものであったということであり、古代の戦争で威力を発揮した投石器のごときも、実に野生ロバに則って命名されているのだ。

ギリシア語での《onagros（投擲《とうてき》戦術）》は、「野生ロバ《アグロスオノス》の流儀で闘う技法（ars onagria）」のことにほかならない。フランス語で《mitrailler》が散弾射撃を意味する場合には、語根をなす《mitre》が鍵となる。「司教冠」という目下の字義では辻褄《つじつま》をつけられないが、その古い俗語は実は「ロバ」の意であり、そこからロバの荒ぶる習性の遠い記憶がその底辺に埋め込まれていると考え得る、とするフォーゲル説も出てくるわけである。

ロバの石つぶてが象徴するもの、それは遊牧民の柔よく剛を制すといった性質だろうか。定住民の閉じた共同体にとっては計測不能の、それは外なる世界であった。外なる遊牧空間からの訪問者は、平時には共同体の商品を、また利益をもたらした。だが戦時や危機の時代には、逆にものを盗み、人の裏をかく。追跡しても、ロバ・ラバ追いなるこのロバ人間は、自分らだけが勝手知った砂漠へ、山地へと、盗品ともども引き上げてしまうのが、おちであった。

再々泥棒呼ばわりの怨嗟《えんさ》が捲《ま》き起こったのは当たり前だが、ロバの異名を持つヘルメス神が夜の盗人の神とされるのと同断である。神々の伝令使という主たる役割を手離さぬまま、商業と交通と、盗みの神でもあるという、足迅《はや》きこの青年神のちぐはぐぶりやいかがわしさは、まさにロバ人間としてのケンタウロスのそれだと言えるであろう。

アポロンを含む層によりヘルメスらの古層は抑圧されたのだと言われるが、はみ出し者の弟はそれだけにやんちゃな剽軽《ひょうきん》者であって、マイナーはマイナーなりに、すべてマイナーなるものの守り神であったと言っていい。

この神に象徴されるロバ遊牧民は、ならば定住世界の外、あるいは裏なる底辺において、いかに、またいかなる遊動空間へと解き放たれていったのであろうか。

七　ロバの西漸《せいぜん》

ロバ追いアブラハム

ベニ－ハッサンの壁画

中部エジプトなるベニ－ハッサンで発掘された中王国（前二〇四〇頃―前一七八二頃）第一二王朝の州侯墓室には、その壁画に、匣《はこ》型竪琴を奏でつつロバ追う人の姿を描いたものがある。

ヒクソスの侵入に先立つこの時代（前一九〇〇年前後）、すでに久しい以前から始まっていたセム系移民は、次第に定住者が多くなって、隠然たる勢力になろうとしていた。図に示されるのは、ロバの背にその全財産、さらには幼童たちをも乗せて砂漠からエジプトへと入ってきたイスラエルの民にほかならないが、F・オールブライトらによれば、『旧約聖書』に出てくるアブラハム、イサク、ヤコブといった族長たちとは、要するにロバ隊商引率者なのであって、その系統をひくイスラエルの子らも、つまりは、ロバ遊牧民だということになる。

『創世記』（二四：一六―二〇）には、アブラハムの僕《しもべ》がイサクの妻となるリベカを見出すため、ラクダを連れてナホルの町に辿《たど》りついた場面が出てくる。時は夕暮れで、女たちが水を汲《く》みに出る時刻であるが、泉のそばに立つ彼に求めに応じて水を飲ませてくれる娘を、イサクのため定められた者にしてくださいとヤハヴェに願をかけていた。そこへ水がめを肩にした美《うるわ》しい乙女が出てきて水を汲んで上がって来たのへ、水を飲ませてほしいと彼が乞うと、「わが主よ、お飲み下さい」と言って飲ませてくれた。しかも「あなたのらくだも飲み終るまで、私は水を汲みましょう」と言ってくれたのである。

牧歌的な光景であるが、問題はラクダである。ラクダが家畜化された時期については数千年前とするものなども含め諸説あるが、オールブライトは前一二〇〇年頃と見て、前一五〇〇年あたりかそれ以前に活躍したアブラハムが引き連れたのは、むしろロバであった筈《はず》だとする。かくてラクダはこの場合、ロバと修正されなくてはならないというのが彼の論点であり、フォーゲルにおいてもそれが立論の前提をなす。

ともあれ、小アジアやメソポタミアからエジプトにかけ、死海に程近いエリコなどを中心に、幾千年の昔からロバ隊商が往き来して、貿易が行われてきたのであった。ロバ追いどもは、やがて豪商にさえなってゆくであろう。死海南方のカデシュからナイル三角州《デルタ》の東（シュル）にかけての、雨もなければ泉も稀少なシナイ半島北部の砂漠地帯に彼らが滞留したのは、パレスチナとエジプトの間の隊商《キャラバン》交易の、ここが鍵だったからにほかなるまい。

しかもカルデアのウルから出てハランの地へ移り（創一一：三一）、次いで神の命により約束の地カナンへ移住したということは、彼らが遙けきペルシア湾から小アジアのあたりまでを後背地として、行動半径を広げていったということであって、ハビル（Habiru）というその呼称が、はたして職能集団を示すのか、はた民族名であるのかはさて措《お》き、いずれにせよ《imeru／himaru（ヘブライ語ではhimōr, ロバ）》を語源とするらしいことにおいて、ロバ飼育の「永遠の漂泊者」だったのだということである。

一所不住の彼らは、お固い歴史家には一筋縄でいく代物ではなくて、傭兵《ようへい》隊長、山師《やまし》、冒険家と見なされたり、追剥《おいはぎ》、強盗、ベドウィン、はては捕虜、奴隷と目に映じたり、さぞや戸惑いを招くものであったであろう。それでもヤコブの時、愛児ヨセフが、その兄たちの嫉妬によりエジプトに売られていたのが、そこの高官の地位に登りつめたりするように、すすんで官途につき、あるいは武をもって王《ファラオ》に仕える者たちすらいて、ともかく中々に有能な者どもであったことは、たしからしいのである。

飢饉《ききん》のためヤコブ一族が、ヨセフを頼ってカナンからエジプトへと移住したことで、この連中が大民族へと成長する次第、また出エジプトにいたる経緯《いきさつ》については記さないが、順境と逆境と、事態により君子豹変《ひょうへん》するしたたかさは、これまたさすがロバ人の名に背かぬものと言い得たであろう。

カインの裔《すえ》の三機能

ここで話は遙か始源へと遡る。『旧約聖書』の『創世記』には、「カインとヤハヴェ」の物語のあと、間奏曲のようにつづく「カインの系図」（創四‥一七―二二）があって、町の建設者となるカインの息子エノクに始まり、三代おいたレメクの代に二人の妻を娶《めと》って、アダからはヤバル（牧人）とユバル（楽人）が、もう一人のツィラからはトゥバル－カイン（鍛冶師）が生まれたと述べている。三人の子たちの下に記したのは、その主たる職能である。

それら三つの機能は、ロバ飼育を基軸とするカインの子孫たちにおいて、その生活文化の有機的連関をかたちづくっていた。すなわち三兄弟は、それぞれが「放浪牧者」・「放浪楽人」・「放浪鍛冶師」を代表すると同時に、「放浪」の一点で、不即不離であり通分されるものであって、そこに統合的なロバ飼育文化が成立していたと見ていい。

冒頭に掲げたベニ－ハッサンの壁画でも、ロバ追いがロバを歩ませるのは匣型竪琴を奏しつつ、ということで牧者と楽人が一体化しているし、ロバが負う荷には槍《やり》の穂先が見えるが、これは青銅や鉄の刃物を鍛《きた》える鍛冶師の仕事がなければあり得ないものである。男は水を入れた革袋を肩から下げているが、革袋は鍛冶工房では火を熾《おこ》す送風器になる。三機能の三位一体が、曲がりなりにも目《ま》のあたりになっていると言えるであろう。

「カインとアベル」において、弟殺しで神の譴責《けんせき》を受け地上の放浪者となるにいたったカインは、ヤハヴェによって一つのしるしを付けられるが、これは決して恥辱のしるしではなく、地上を放浪するに当たって兇刃からカインの身を護ってやるための、ヤハヴェの保護のしるしであった。どのようなしるしかはよくわからないが、『エゼキエル書』(九：四、六)に別の文脈ながら、「すべての憎むべきことに対して嘆き悲しむ人々の額にしるしをつけよ」「老若男女をことごとく殺せ。しかし身にしるしのある者には触れるな」とあるのが参考になるであろう。

これと相応する伝統がエジプトにもあったことは、ヘロドトスも証言するところで、ナイルの河口にあるヘラクレスの社《やしろ》に逃げ込み神聖な標《しる》しをつけてもらった者は、「何びとといえどもその者の身に手を触れることは許されなくなる」(『歴史』II. 113)。いわんや傷つけたりすることにおいておや、というわけである。

シナイ山において初めて顕現《けんげん》するヤハヴェ(原意「あらんとしてあるもの」)は、ロバ遊牧圏と関わりのある神であった。

アベルが羊を飼う者であり、カインが土を耕す者であるという二分法は、『旧約聖書』的なものの見方である。聖書的人間観の説明原理としては有効ながら、ロバ飼育遊牧民としてのイスラエルの人々の現実に即しているとは思えない。アラビア語で《qain》と言えば鍛冶師のことであり、カインという名にはあの三機能の一端が反映しているのである。また、《qaina》と言えば歌い手の女で、これはカインの娘たち。その楽器も彼女たちの発明にかかるとされる。こうなれば、彼らはすでに牧者であるから、まさに三機能の三位一体ということになるではないか。

かくてもしヤハヴェがトーテム的なロバ祭儀でのロバ神であるとするなら、ロバ人間なるカインにも、ロバに付けると同じしるしをその額に付けるのに、何の不思議があろう。

するとアベルはどうなるのか。ヘブライ語で《hebel》と言えば、これは「息（空気）」を意味する。モーヴィンケルによれば、空気とは「無」であり、アベルはただ殺さるべくして存在していたのだということになる。

ところで『民数記』（一三：六）には、モーセがヤハヴェの命により、カナンの地を探るために遣《つか》わした主《おも》だった者たちのうち、ユダの部族のそれはカレブ（Kaleb）であったとある。《kalb》というのはヘブライ語で「犬」のこと、カレブとはつまり、「噛《か》みつく者」であった。しかして激しく噛みつくことにおいてしばしば引き合いに出されるのが、ロバだったのである。ロバにおける顎骨《あぎと》は、実にその武器であった。牡ロバは牝をめぐる恋の鞘《さや》あてに、この顎骨をもって死にもの狂いに闘ったのである。

カインとアベルの間に持ち上がったのも、牡ロバ人間同士での死闘であって、一六世紀の銅版画では、カインがまさにロバの顎骨を振りかぶってアベルを打ち殺すところが描かれている。けだしカインは、ロバ飼育者から期待される、好色で性的活力に溢《あふ》れた燃えるごとき野生の牡ロバの振る舞いに及んだだけのこと、神の思し召しに適《かな》わぬことが何故あろう。ヤハヴェはカインに悪意を抱

アベルを打ち殺すカイン

かれていたわけではない。だからこそ、しるしをもって保護されたのである。

ロバ西漸の地理的空間

カイン・アベルと、ロバ飼育遊牧民の三機能を象徴する例の三兄弟とに、照応するものはあるのだろうか。

アベルが牧者ヤバルと関係があるらしいことは語呂《ごろ》の上でも直感されるし、鍛冶師トゥバル‐カインについては、三つのうち最後のトゥバルにカインという名が付け加わったという文脈で、三兄弟ひっくるめて、すべてカインの裔《すえ》であることを示したものと考えた方がいいであろう。ギリシャ語訳聖書《セプチュアギンタ》における三兄弟の名、イオーベール、イウバル、トーベルも同様である。

三つの名は具体的な地名を反映していると考えられている。まずトゥバルから始めると、今のところ論者の間でどうやら意見の一致を見ているのは、とりわけても黒海南岸ポントスに定住するティバレノイ族や、南東岸のタバルなどが、トゥバルに帰せらるべきだということであろうか。『エゼキエル書』では、ツロ（フェニキアのテュロス）に関する記述の中で、「ヤワン、トバル、およびメセクはあなたと取引し、彼らは人身と青銅の器とを、あなたの商品と交換した」（傍点筆者）とある（二七：一三）。つまりトゥバルに連なる人々は、交易と鉱業に従事していたということである。

採鉱と通商を成り立たせるには、ロバやラバの飼育が不可欠だったであろう。ヤバルやユバルとの関係が問われるところであるが、これらにはたぶん右の聖書資料に見る「ヤワン」が対応し、おそらくは小アジア東海岸に植民したイオニア人がこれに当たる。

ヤワン、トバルと並んで記されている地名「メセク」は、先に言及した「ムシュキ」のことであり、ラバ飼育《ムシュク》のことはもとより、音楽《ムシケー》なるギリシア語の成立とも奇しき縁につながることが思い返されてもよい。カインの子らの足どりは、三位一体をなすあの三機能とも奇妙に響き合うものを持っていたのである。

メソポタミアに発し、北東アフリカはエジプト文明圏にも原初の足跡を残す、シリア・パレスチナを中心としたロバ飼育文化は、リュディア、フリュギアからトラキアへと、アナトリアの陸路を経て、ギリシアに伝播したと見て差し支えないのではないだろうか。

以上、聖書物語にこと寄せて、東方世界《オリエント》全域を股にかけるロバの西漸の足跡を、飛石《とびいし》づたいに追ってみたことになるが、飛石づたいはこうした陸路に辿り得るだけではない。今ひとつ海路もあって、こちらへの可能性も訪ねてみよう。

ダビデ・ソロモンの栄華

イスラエルの流浪の民が、約束の地へと歩みをすすめたのは、そこが乳と蜜の流れる国だからのみではなかった。『申命記』（八・九）に、

「その地の石は鉄であって、その山からは銅を掘り取ることができる」とある。つまり、鉱山と鉱脈のゆえでもあったのである。

もっとも、ロバ飼育と鉱山開発のドッキングは必ずしも絶対的ではなく、ロバ飼育者たちの間には、刀鍛冶なるケニ人（カインの子ら）へのある種の毛嫌いも蔓延《まんえん》してはいたのであるが。しかも戦車などにおいて一日の長があったペリシテ人は、ヘブル人から鍛冶工房をことごとく取り上げて「そのころ、イスラエルの地にはどこにも鉄工がいなかった。ペリシテ人が『ヘブル人は剣も槍も造ってはならない』と言ったからである」（サム上一三：一九）。

それゆえ、本来ロバ飼育者に過ぎぬヘブル人が力強い独立国家となるにいたるのは、実にダビデが金銀に富む死海南方のエドムなどを手中にして、ペリシテ人の鉄の独占を打破するのに成功したときのことであった。「ダビデはまた門の扉の釘、および鎹《かすがい》に用いる鉄を夥《おびただ》しく備えた。また青銅を量ることもできないほど夥しく備えた」（代上二二：三）。悪霊に憑《つ》かれたサウルの気持ちを琴を執《と》って鎮めたというダビデ、主の櫃《ひつ》の前で力を込めて踊ったという、音楽とは切っても切れぬダビデは、金属加工とも固く結ばれていたのである。

ソロモンの権勢と豪富も、死海から紅海にかけての涸《か》れ谷《だに》の鉱物資源や、アカバ湾奥なるエゼオン－ギベル港の高炉などに基づいたものであった。『列王記　上』には、「ソロモン王は人をつかわしてツロからヒラムを呼んできた。……ヒラムは青銅のいろいろな細工をする知恵と悟りと知識に満ちた者であったが、ソロモン王のところに来て、そのすべての細工をした」とある（七：一三―一四）。

折からフェニキアのテュロスは、歴代同名の王ヒラムの一世（在位前九六九―前九三六）治下にあったが、ソロモンとの間に緊密な技術協力があった。イェルサレムの神殿建設に当たっても、小麦とオリーヴの供与とひきかえに、ヒラム一世は、ソロモンの労働者がレバノンの香柏《こうはく》と糸杉を切り出すがままにさせたのである（王上五：七―一八）。次いで新宮殿をつくるときも、ヒラムは建材と金をもたらしたが、代わりにアカバ湾のエラテをどうやら手に入れている（王上九：二六―二七）。ダビデがペリシテ人の勢力を内陸で打破したそのとき、海上でペリシテ人の覇権を引き継いだフェニキアは、前一〇世紀末葉には、新興海軍国として、イスパニアにまで及ぶ海上交通網を抑え、キュプロス、シチリア、サルディニア、またおそらくは北アフリカやイベリアにも、通商植民地や採鉱領事館を擁《よう》する勢力となっていたわけである。

馬類頭部を船飾りとするフェニキア人の舟が象徴するように、船と荷獣の連携を土台として活躍を繰り広げたのがヒラムという商人王なのであって、ここでもḥ-m-r＞ḥ-r-m の音位転換《メタテシス》が認められるとすれば、ヒラムはロバ（ḥ-m-r）の異名だったということになる。

ソロモンという名は、おそらくは即位に際し意図的に選ばれた、政治的経綸を込めた王名と思われるが、イェルサレムなる都名や、アラビア人の「サラム」、ユダヤ人の「シャーローム」といっ

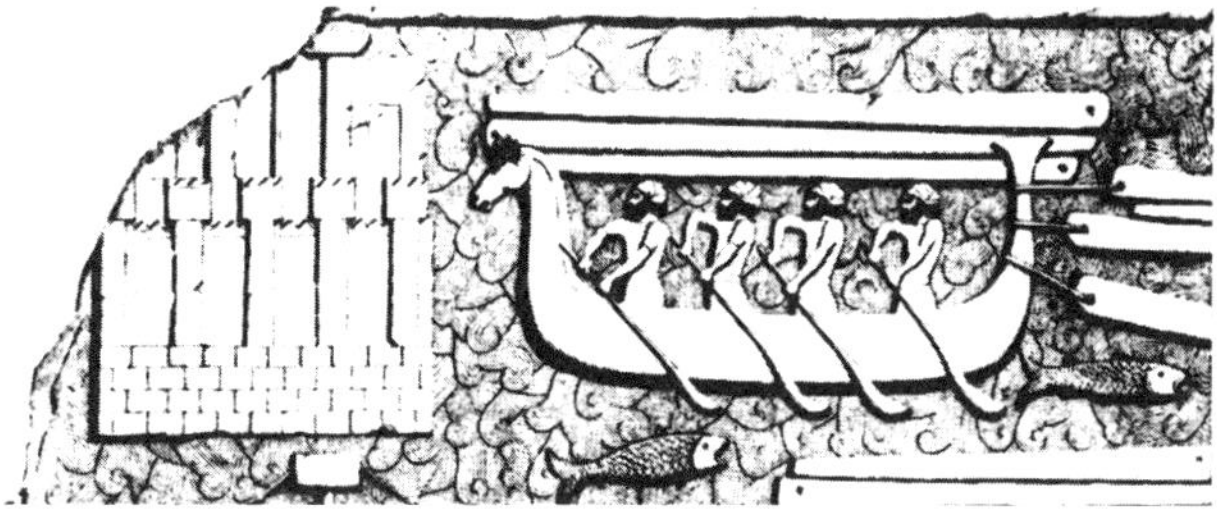

材木を運ぶフェニキア人の船

た挨拶語からも推察される通り、その元型をなす《salom》とは安寧《あんねい》、福祉、繁栄の意味であった。ギリシア語訳聖書では、「エイレーネー（平和）」の語を当てている。

けだし平和の獣と言えばロバのことで、戦車を引き、騎士を乗せる馬とは対蹠《たいせき》的だ。この平和の獣は、よきことどもを運ぶもの、幸福のもたらし手であって、ローマの新年の灯明《ランプ》や護符には、そのような獣として彫り刻まれている。

もとより力の伯仲する国際場裡《じょうり》に、平和的希求などがそのままで通用する筈もない。銅山王、海運事業家、商人君主を一身に兼ね備えたソロモンは、エジプトから買い入れた馬や戦車をシリアの王などに売って、仲買貿易を展開した（王上一〇：二八）。むろん、本来は『申命記』に「王となる人は自分のために馬を多く獲《え》ようとしてはならない。また馬を多く獲るために民をエジプトに帰らせてはならない」（一七：一六）とある通りで、強大な王国がかたちづくられるや、さっそく騎兵連隊の創設に狂奔する王の施策は、ヘブル人らの怒りを買ったのである。

乳香の国と「ロバの海」

ところでソロモンの智慧《ちえ》と言えば、シバの女王のイェルサレム行幸という華麗な一幕が人口に膾炙《かいしゃ》する（王上一〇：一）。女王は空前の金や香料・宝石をソロモンに贈ったが、南の涯《は》なるお伽《とぎ》の国の裕福さは、乳香と黄金の収益を主な土台とするものであった。イスラムの膨脹によりその繁栄は失われて空しくなったが、南西アラビアの、ヒムヤル、ミナ、プントなどと並ぶこの不思議の国は、インドとの交流もあり、はや前一五〇〇年の頃には高度の文字文化をすら誇る文明圏だったのである。

それら乳香産地を左手に見てアラビア南岸を東進し、いよいよ「紅海」――もともとはインド洋までも含んでいた――の広い海域に出ようとするあたりに、商港アデンがあるが、ここは北方の人々から「幸福のアデン《エウダイモーン》」と呼びならわされていた。なぜか。アラビア語の「幸運《ヤムン》」に由来する《Yemnat》なる地方名から説明されたりもするが、フォーゲルによれば、市名そのものが、アッシリア語「牝ロバ《アターヌ》」に帰着する可能性があるという。それが総じてイェメンがロバ飼育の中心であることを証《あか》しするとすれば、転じて「富んで幸福な」という天国的な表象が抱かれたのではなかろうか、とする含意である。

ロバ（ḥ-m-r）への遡源ということから言えば、差し当たり南アラビアを統《す》べたヒムヤルなどは、遙かに直接的な証跡と言えるが、語根《ごこん》ḥ-m-r に帰属するのは、ロバを表す ḥimār だけではない。「赤い」（aḥmar）にまつわる諸々の語彙も絡まるのだ。

ヘブライ語では、「赤くある」（ḥāmar）から ḥamorim となると、「赤みを帯びたもの、ロバ」という意味になる。つまり、東方世界で赤とはロバの色であった。ロバは陰鬱《いんうつ》な鼠《ねずみ》色の獣では決してない。あのデボラの凱歌（士五：二―三）となるバラクら勇将たちが乗った、「しろきろば」（士五：一〇）も、異説では茶色のそれであった。プントは「赤い国」とも記されたらしいし、ソロモンに金をもたらした紅海岸アフリカのオフル（Ophir）も、南アラビアでは「赤」のことである。ところで南西アラビアからかなり隔たるカナンの地が、メソポタミアで「赤紫（ninaḫḫu）の国」と称されたのはなぜだろうか。

フェニキア人がギリシア語で「赤紫の人」と呼ばれたことに注目したい。「赤紫《フォイニクス》」は「赤、真紅《フォイノス》」からくる語であるが、アッキ貝から取る暗赤色の染料はフェニキアの特産品で、美《うるわ》しく染め上げられた高級織物がギリシアなどへまで輸出されていた。ロバと染料と、「赤紫」という共通項は、カナンと南西アラビアという地理的な隔たりを架橋することができるのだろうか。

「紅海《エリュトラ》」という呼び名の由来を考えてみよう。赤道付近の烈日から説明しようとする試みは論外として、エジプトで自国を「黒い地」、アラビアの方面を「赤い地」とするからだというのは肯定できるだろうか。

だが、かつての「紅海」とは今日のいわゆる紅海ではなく、アデン（牝ロバの意だった）からアラビア海に出てペルシア湾に入ろうとするところへと広がる、大きくはインド洋に属する海域であることに思い及べば、むしろアラビア半島南岸を中心とする沿海地帯に、ロバ飼育が展開し、経験を積んだロバ人間どもが屯《たむ》ろしていたことを想定すべきではないのか。何しろアラビア語でも「紅い海（al-bahr al-ahmar）」から「ロバの海（al-bahr al-himār）」までは、ほんの一歩に過ぎぬのだから。

ヘロドトスによると、「フェニキア人は、彼ら自ら伝えるところによれば、古くは『紅海』辺に住んでいたが、その地からシリアに移り、シリアの海岸地帯に住むようになったという」とある（『歴史』Ⅶ.58）。ここに言う「紅海」が今日のそれでないことは言うまでもない。が、アラビア海沿岸から地中海までいかなる道が辿られたのか。

ストラボンは、シバと並び南方で最も栄えた交易市ゲラにつき、次のように述べている。「市民はアラビア産の商品や香料の交易を大部分の場合陸路で行なっている。ただしアリストブロスの説はこれとは逆で、市民は貨物の大半を筏《いかだ》を使ってバビロニア地方へ運びこみ、そこからエウフラテス河経由でその商品をタプサコス市へ運びあげ、それから陸路で諸方へ輸送するという」と（『世界地誌』765）。

「筏を使って」とあるのは、ロバの革袋に空気を充たした浮き袋を連ねたもので、その場で組み上げたかと思うと、またばらばらにしてロバの背に積み運ぶのである。文中のタプサコス市は、シリアにあった。かくてロバ飼育遊牧民の一翼としてのフェニキア人が、カナンへといたる道筋が浮かび上がるが、原初に遡れば、これはまたアブラハムの辿った路でもなかったろうか。

さて、アラビア海から両河地帯《メソポタミア》を経て地中海に達したフェニキア人に、南海にまつわる記憶の痕跡はあっただろうか。前三世紀の著述家ベロッソスの『バビロニア誌』に、下半身が人間の魚の怪物オアンネスが登場するが、これは紅海にいたものが陸に上がって、文明の基《もとい》となる一切を人間に教えたという。

あたかもすぐれた教師だったケイロンのごとくであるが、それをロバ飼育遊牧民の東西往復の文化的波及効果の象徴的結晶であったとすれば、かつてフェニキア人が海を渡り河を伝って果たした同様の役割の記憶は、ベロッソスの生きたヘレニズムの時代にははや朦朧《もうろう》となっている。この方の象徴として持ち出されたオアンネス像が、バビロニア文化圏ではおなじみの混合獣とされたのは当然ながら、半人と組む半魚の部分が実は模糊《もこ》たる存在としてのオアンネスでしかない。日の出とともに海中から現れ、ケイロン的恩恵を人間に施した上で、日の没するや海中に姿を没するという回想のフェニキア怪魚は、アフリカの北東角《ホルン》からペルシア湾を渡り、メソポタミアに及ぶロバ飼育遊牧民――ロバ人――の有力氏族《クラン》の行動空間の桁《けた》外れと超時的層序の厚みを、期せずして現代にも暗示しているのではないだろうか。

「没薬」の記憶と近親相姦

南海の富を象徴する没薬《もつやく》に関しては、愛欲にまつわって人間臭い哀切な話が伝わっている。アポロドロスの『文庫《ビブリオテーケー》』（Ⅲ.14）に収められた説話だけれども、没薬の原因譚《たん》と言っていい。

アッシリア王の王女スミュルナは、父王に対し道ならぬ恋心を抱いて、乳母の手配で父を欺《あざむ》き、よその女と思わせて一二夜をともに臥《ふ》したあと、露見して、怒った父の刃に追われたが、あわやの一瞬、神々に祈って没薬の木に変身した。幹から滴《したた》る温かい彼女の涙が「没薬《ミュラ》」となり、いついつまでも語り種《ぐさ》となったという。すでに懐胎していたその樹がやがて月満つるや、樹皮に割れ目を生じ、そこから生まれてきたのが、アドニスである。

父娘の異常と言うしかない愛の相剋だけれど、ロバ飼育においては近親交配は珍しいものではない。牡ロバはその母や娘とも交尾が行われた。近親相姦の傾向は、古代オリエントでは王族一家の中にも見られる。この説話の場合は娘が父を求めたのだが、同じことである。

アドニスは類稀《たぐいまれ》な美少年で、牧者かつ猟人となるのだが、レバノン山中での野猪《やちょ》狩りで手負い猪《じし》の牙に刺し貫かれてこの世を去る。その鮮血からはバラが咲き出た。年ごとその季節にはアドニス川が赤く染まり、ギリシアからエジプトにいたる東地中海圏一円に、アイ！　アイ！　という女たちの哀泣が反響《こだま》したのであった。ただこの Ai! が連ねられると、自ずと思い起こされるのは I-A!、つまりロバの嘶《いなな》きではなかったろうか。

没薬の原因譚は、『転形譚《メタモルフォーセス》』では設定が少しく変わって、キュプロス王キニュラスとその王女ミュラの話になっているが、中味はほとんど同じである。重要なのは、その舞台がキュプロスに移ったということである。キニュラスというのは、フェニキアの通商拠点ビブロスの元支配者で、そこから人々を率いてキュプロス島のパフォスに市《まち》をひらき、アフロディテの神祠《しんし》をことにも名高いものとしたのであった。

この島を蝶番《ちょうつがい》として、没薬を産する南アラビアから――リュディアが支配したギリシア人都市スミュルナをおそらくは経て――エーゲ海域まで、没薬の道の太い帯が見えてくるわけであるが、同時に、それはロバ飼育文化の波が海上に溢《あふ》れ出て、この島にまで打ち寄せたということになるのだ。

キュプロスとアフロディテ

キュプロスは文字通り銅《クッパー》の国である。アマルナ時代（前一四一七頃―前一三六二頃）やヒッタイト衰微の頃には、この特産の輸出によってシリアのウガリット王国（前一六世紀―前一三世紀）の隆盛を支えもしたらしい。「海の民」の襲来で、しばらく歴史の表舞台からは葬り去られた時期がつづくのだけれど、やがてアッシリアのサルゴン二世の記録に、Jadananaの名で「太陽の沈む海」に浮かぶこの島がまた姿を現す。

キニュラスの一行が島に渡ってきたのは、むろん、銅をはじめとする鉱山開発と冶金《やきん》に眼目があって、彼らが、これまで見てきた例と同じく、鉱業と結びついたロバ飼育文化と縁の深い人々であるとすれば、そこにあの三機能の三位一体が威力を発揮したことは、想像に難くない。通商貿易から音楽文化にいたるまで、多彩多面なる文化複合体がそこに咲き出たことは、ロバの西漸の舞台装置としてほぼ理想的であったと言い得るのである。

アフロディテ崇拝をシリアからキュプロスへともたらしたという意味で、キニュラスは祭祀王でもあり、王はパフォスの神祠の大祭司であった。美男なるがゆえに女神は彼を思い者にして、そこにもうけた愛娘キュプロスの名が島名の由来になったともいう。なお『転形譚』でも、王女ミュラから生まれた不倫の子はアドニスなのだが、多情なる愛の女神はこの美童にも思いを寄せた。ただしその歓楽は長くつづかず、あの悲運となり、痛哭《つうこく》する女神の腕にかき抱かれて若者はみまかったわけである。

アフロディテとはいかなる女神か。ヘシオドス（『神統記』188 ff）によると、巨人族である神クロノスが、父である天空の神ウラノスの陽根を刈りとって海原へと投げ棄てた。不死の肉《ししむら》の周りに白い泡《アフロス》が湧き立って、そこから生まれ出たのが、アフロディテなのである。

この乙女は、ラコニアの突端から程遠からぬ小島キュテラに立ち寄った――そのため「麗しい花《か》冠《かん》つけたキュテレイア」（『神統記』196）と呼ばれる。そのあと、遙けくもキュプロスへと来着したという。キニュラスの到来の方向とは逆ではないか。

でもヘロドトス（『歴史』Ⅰ.105）では、シリアのアスカロンにある「アフロディテ－ウラニア」社《しゃ》が女神の社《やしろ》としては最古のもので、「キュプロスにある社もその起源はここに発し」、また「キュテラの社は、シリアのこの地方からいったフェニキア人が創建した」とあるから、その信仰は歴史的にはこの経路で、ペロポンネソス半島の足元にまで圏域を広げていったのであろう。余談ながら、うら若いアフロディテに情欲を発したゼウスが追いすがって、その精液から生じたものこそが馬人《ケンタウロス》だという伝えもある。

アフロディテの寵児キニュラスの最期は、アポロンとの歌くらべが、これまた原因となる。己が音楽的天分を自惚《うぬぼ》れてこの王はアポロンに挑戦し、マルシュアスと同様、敗退して、アポロンに殺されたのである（エウスタティオス『イリアス註解』一二世紀）。不幸な結果となった腕くらべは、アポロンの竪琴に対するに、バッコス・ディオニュソス的あるいはヘルメス的笙笛《しょうてき》という、ここでも撥弦《はつげん》楽器対吹奏楽器の対決となるのだけれども、キニュラスは己が名の裏に「十弦琴《キニューラ》」なる語音を包み込んでいる。にもかかわらず、笙笛の方に全面的に肩入れしているのはなぜか。そう言えば、パフォスのアフロディテ祭儀で必要とされたのは笙笛なのだ。

アポロンの崇敬の中心はむろんデルフォイであるが、小アジアの脱魂法悦《エクスタシス》的な祭儀にもしっかりと根を下ろして、その重要な祭儀場はエーゲ海の東海岸にも点々と連なり、キュプロスでアフロディテ崇拝と交差した。女神と仲睦《むつ》まじいアポロンが、小アジアの沿海諸国で崇められたのも、驚くには当たらない(3)。

先にヘルメスがロバ神であることを見たが、実はアポロンもロバと深い関わりを持つ。本来

「極北人《ヒュペルボレオイ》」と関わりのあったらしいアポロンは、ピンダロスが伝えるような、ロバを供犠《くぎ》する大祭儀を白夜の国から伝来させたのである。興味深いことに、アルカディアなどにおいてはアポロンは、ロバ人間に帰せられる魔霊《デーモン》シレーノスの実に息子だとすらされている。ロバ神アポロン（ギリシア語 Apollon Killaios, ラテン語 Apollon Onos）の根拠は、これにとどめを刺されるに違いない。

キニュラスの惨《むご》き最期も、マルシュアスのそれも、ロバ神がロバの献供を嘉納し給うという、祭儀的事実の反映以外の何ものでもなかったのではなかろうか（マルシュアスの場合は、背景にバグパイプ発明の神話的装いという一面もあるのだけれど）。誤ってアポロンの円盤に打たれて野を朱《あけ》に染め、血の花《ヒアシンス》を咲かせたヒュアキントスのあの悲話も、神に愛されたがゆえの犠牲獣の悲劇だったと言える。

さて没薬の道を辿ってシリアからキュプロスへとロバ飼育文化の流れを追い、さらにアフロディテ信仰の伝播する点と線を訪ねて、ペロポンネソス半島の鼻先キュテラ島にまで及んだが、いよいよギリシア本土に上陸するや、そこにはいかなる神話的風景が展開したのか。

シリアからペロポンネソスへ　ミュケナイにはアガメムノンの宮殿があったが、その最古の部分——**海のロバ道**——を飾る壁面には、ロバ人間の——あるいはロバの剥製《はくせい》の頭をすっぽり被った——行列が描かれている。荷棒状のものを担いでいるのは、彼らがロバのように重荷を担う者どもであることを暗示している。

この壁画のモチーフの一つとして、ペロポンネソスの西岸オリュンピアの地なるエリスのピサで、求婚者にとり難攻不落だった王女ヒッポダメイア（語義は「馬《ヒッポス》を結婚させる」）。一三四頁のアルゴスの王女とは別人）を、姫の父オイノマオスの難題を辛くも凌《しの》いでわがものとしたフリュギアの王子ペロプスが、エリス国への聟《むこ》入りに際し、祖国からロバの連畜を率いて乗り込んだことがある。

その難題とは、ロバが引いて走るペロプスの車が、武神アレスゆずりの馬が引く化嫁の父の戦車の急追をかわすことであったが、ペロプスの駆る連獣が、北風よりも速いオイノマオスの駿馬《しゅんめ》にもとより及ぶ筈もない。馭者《ぎょしゃ》を買収して王の戦車に工作を施させたことが、勝因——かつ老王の死因——となるが、己が娘へのただならぬ色情が、例によって馬類《エクイデス》飼育では無視し得ぬ近親相姦を連想せしめるオイノマオスを牡馬の代表とすれば、まともには勝てなかったペロプスは、ロバ・ラバ飼育の国の王者なる牡ロバの代表だったとすべきであろう。

つまりは、こうして東方古来のロバ・ラバ飼育が、馬飼育の縄張りなる西方へと到来したということであって、そのもたらし手なるペロプスが声望を揺るがぬものとするとき、半島全域が文字通り「ペロプスの島《ペロポンネーソス》」となった。のちにトロイア戦争で、アカイア（ギリシア）勢の総大将となるミ

アガメムノン宮殿の壁画

ユケナイ王はその孫であるが、アガメムノンというその名もまた、「甚だ強情な《アガン-メムノーン》」と解析すれば、重荷に喘ぎつつそれに耐え得る、不屈のロバにちなむことが、鮮やかなまでに見てとれる。ミュケナイ宮のロバ人間が、にわかに現実味を帯びてこないであろうか。

馬とロバ（ラバ）と、二つの飼育文化が斬り結ぶ火花散る舞台がいずこであったかを、さらに搦《から》め手から探ってみよう。

たとえばシレーノスとケンタウロスは、遠い起源を実は同じくして、外に現れた姿の相異はその本質ではなく、神話の伝承形態の差異に過ぎないとする意見があるその一方で、両者が相ともに登場することはなく、つどつど別の地帯に姿を現す事実を、フォーゲルは見のがさない。シレーノスが縄張りとする、たとえば小アジアには、後代はともあれ、ケンタウロスは見当たらないのに、ケンタウロスの本拠たるテッサリアなどにはシレーノスの影すらない、という風にだ。すると逆に、両者が相ともに住みついているところはかえって注目に値するのであって、ペロポンネソスの南東端マレア半島などは、その交錯の起点の顕著な一例としてフォーゲルの見出したところなのだ。

パウサニアス（『ギリシア案内記』III. 25. 2）にも、シレーノスがマレアで育って、そこからラコニアの今ひとつの南突端「ロバの顎《あぎと》（Onugnathos）岬」なる「ピュリコス（Pyrrhichos「赤みを帯びたもの」＝「ロバ」）市」に移り住んだとする伝承が語られるが、この市ではその泉水をシレーノスの恵みとして崇めていたという話である。マレアが賢い馬人ケイロンの居を構えるところで、狼藉《ろうぜき》の馬人どもがヘラクレスの矢に射立てられて逃げ込んだ先であったことは、前述した。

東方からクレタの海を経てギリシア本土へとやってくる航海者や移住者にとり、この突端部が、その鼻先に横たわるアフロディテの主聖域の一つキュテラ島とともに、ギリシアとの最初の接触点であったとすれば、シレーノスとケンタウロスどもが混住するという右の事実は、ロバを海からギリシアにもたらしたロバ人間がそこを起点としたことの、何より雄弁な証左なのではないだろうか。

むろんほかにもいくつか起点は見出せるが、整理すれば、シリア・パレスティナから陸路アナトリアの陸橋を渡って、リュディア、フリュギア、トラキアへとギリシアにいたった経路が一つ考えられるとすれば、今ひとつは海路キュプロスを経て、まずペロポンネソスの南から、さらにエウボイア島からテーバイを擁するボイオティア、テッサリアからギリシア本土に浸透していった直接の脈絡が想定されてもよいのではなかろうか。そして前者においてはシレーノス（やがてこれはサテュロスとなる）、後者においてはケンタウロスが、どちらかと言えば、主役らしいという見きわめが妥当ではないだろうか。

かかる大空間こそがロバ西漸の舞台であったと総覧するとき、そこで演じられるミダースの役割とは、あらためてどのようなものであったか。

(3)フォーゲルは、アフロディテなる女神の名の音声交替p／bの裏に見透かされるのは、「ラバ《ブールドーン》(burdon)」という、いわばかくし絵だとする。同じくアポロンの裏にもそれが見透かされて、両者は同一の両性具有的な神格だとさえ言うが、著者としては、そこまで大胆になり得ないのを遺憾とする。

八　頭巾と仮面

王者ミダースの頭巾

ミダース物語の前段は、『転形譚《メタモルフォーセス》』ではお笑い種《ぐさ》となる致富《ちふ》の話であったが、異伝ではこの王様の、人生の意味を求めようとする智慧《ちえ》の探究者としての一面が示されることは、第一章で述べた通りである。

地上の幸なる富を得て、しかし神意を掴《つか》みそこなう王者像は、アナトリアの今ひとりの王、リュディアのクロイソスとソロンの挿話（ヘロドトス『歴史』）にも見られるが、いずれもがギリシア世界の辺縁の蕃王《ばんおう》だということで、いやが上にも際立たされる。

浅はかな王様と智慧の探究者という矛盾したミダース像は、古代当時においても面喰らわせるものがあったと見える。前五世紀後半の壺絵などにお目見えするロバの耳を付けたミダースについて、神話誌家のコノン（前一世紀―後一世紀）などは、ロバの耳が王身辺の情報提供者の群を象徴しているとする。王その人の耳聡《ざと》さとか、密偵《スパイ》どもに取り巻かれた治者の姿なども連想されよう。

ただそれらをリン・E・ロラーは、伝説の意義に対する古代の註釈家たちの無理解に帰すのであって、彼自身としては、ギリシア人のフリュギア観の変化がそこに窺《うかが》われるとする。すなわち『イリアス』に垣間見られるフリュギア人とは、サンガリオス河畔の住民で、駿馬《しゅんめ》を駆るその大部隊は、トロイア戦争においてトロイアがたについてしまった。しかるに前五世紀にいたるまでには、不知不識の間に、フリュギア人と言えばギリシア人の奴隷へと身を落としていて、アッティカ喜劇での笑いのネタにさえなっている。智慧の悲劇的探究者からのミダース像の凋落《ちょうらく》には、背景となる状況の様変わりが、とりわけても考えられなくてはならなかったのである。

するると、冷やかしの対象となる以前のロバの耳には、どのような意味があったか。

シレーノスが突き出されるあの出会いの場面を画題とした壺絵には、東洋風《オリエント》の衣裳に身を包んだ王がフリュギア風のとんがり頭巾《ずきん》を被っているものも目撃されるが、このとんがり頭巾は、のちに有名となるいわゆるフリュギア帽子のもととなった、ロバの頭皮を引っ剥《ぱ》がしてつくった頭巾である。頭皮はもちろんあの長い耳を伴い、それが頭巾の上にぴんと突っ立っていた。

遊牧民にとり、牝ロバが仔獣に乳を飲ませ、飼育者も搾《しぼ》った乳を飲むことで、一種の乳兄弟的連帯がかたちづくられる。それがこうした「氏族《クラン》」の祖型であり、すべての出発点をなす。

仔獣が死ぬと、母獣は乳を出さなくなるが、その場合は仔獣の革でしつらえたマリオネットで母獣を欺《あざむ》くのである。仔獣の「人形」だ。ロバの乳搾りでのこの手順が、やがてロバの革で身を覆《おお》い、ロバとして振る舞うことを思いつかせる。

ロバ遊牧民にあってはロバは聖獣だから、祭儀に際し、また戦争に当たっても、ロバ革を身にまとったりするわけである。アフリカのほとんどあらゆる国王儀礼でも、国王はトーテム獣の革で装ったらしい。頭蓋骨が付いたままの剥皮《はぎかわ》はプロトムというのだが、ロバ人間もこのようなロバの頭、少なくとも剥製のロバの頭皮を被ったらしいのだ。その際、このプロトムには耳が付いたままだということも、付け加えておこうではないか。すなわち、そんな耳を付けた頭巾でもって、王の身分が象徴されているわけなのだ。

フリュギアの王者がこうした頭巾を着用したのは、己が耳をロバの耳ぞよと下々や外部に対し宣《せん》明《めい》したかったからであって、ロバの耳とは本来君主にとり、名誉あるしるしであったことの一つの証《あか》しにはなろう。「ロバの耳もてるミダース《ミダース・オータ・オノン・エコーン》」なる語が、後年、ローマの諷刺詩人ペルシウス（三四―六二）によりネロ皇帝（三七―六八）に対し用いられたのは、いささかの阿諛《あゆ》を込めてのことであった。ロバの耳の威信はネロの時代にも健在であったわけである。

古来ラバ・ロバの飼育では天下に名を馳《は》せるフリュギアに君臨したのが、ミダースである。ロバの氏族《クラン》の代表としてこの王は、形だけでも、生まれながらにロバの姿を身に帯びていなくてはならぬ存在であった。かくて結論はこうだ。ミダースがロバの耳を身に帯びたのは、そもそもの始めからの話であった。出過ぎた真似をしおってとアポロンにお灸《きゆう》を据《す》えられて生えてきた、というのではまったくないのだ。順序は逆である。

触れるものことごとくが金に化《ば》けるというあのお伽《とぎ》ばなしにしても、それより前に、黄金のミダースには、金の馬力ならぬ金のロバ力《りき》がその身に備わっていたのだという話になる。

話が逆になっているのは、これのみにとどまらない。ミダースは実は横笛の一種の発明者として、ギリシア人の間にフリュギア音楽不朽《ふきゅう》の名声を打ち樹《た》てている。のみならず、挽歌《ばんか》に笙笛《アウロス》の吹奏を導入したのもこの人だと伝えられる。楽の調べに疎《うと》いとは、誰が何時《いつ》言い出した嘘であろうか。「ロバの琴聴き《オノスーリユーラス》」なる箴言《しんげん》がミダースの悲喜劇を揶揄《やゆ》するものとなるのは、ロバの愚鈍さを前提とする後世からの辻褄《つじつま》合わせでしかない。

ちなみに銅の採掘や、錨《いかり》をこしらえたことまでがこの王に帰されているのであるが、金をはじめとする鉱山の採掘にあって、排水、冶金《やきん》から鉱石・木炭・延棒《のべぼう》などの運搬にいたるまで、これまたロバの力を頼みとせざるを得ないことは、論を俟《ま》たない。

まさにミダースはロバの王様であって、王様のロバの耳は、権威と尊敬の対象でこそあれ、蔑視の対象だなどとは、とんでもない話であった。

「ゴルディオスの結び目」と大王伝説

ミダースが、ロバの王様としてそれなりの威信を身に付けていたにもせよ、フリュギアという政治的にはさして重きをなさない辺陬《へんすう》の君主に過ぎぬ身で、どうしてかほどまで広く知れ渡るにいたったのか。

この謎に対しては、世界征服の鴻業《こうぎょう》を成し遂《と》げるマケドニア王アレクサンドロス（在位前三三六

—前三二三）が、眇《びょう》たるこの小国の首都ゴルディオンに足を運んで、「ゴルディオスの結び目」を解いてみせたという故事ほど意味深長な問いかけはないであろう。これは、いったい何を意味するのか、第二章で関説したフリュギアの建国神話の続きに目を向けてみよう。

アッリアノスの『アレクサンドロス大王東征記』が伝える事の内容は、こうである。すなわち、先述のフリュギアの建国神話でミダースが王位に即《つ》くきっかけとなった件《くだん》の荷車が、ゴルディオンのアクロポリス（城山）に奉献されていたが、荷車の轅《ながえ》を結わえた紐《ひも》の結び目を解いた者こそがアジアを支配する定めにあると、近在の住民たちの間で語り伝えられていた。アレクサンドロス大王は、この都を占領したとき、結び目を一刀両断してみせたか、あるいは轅から留め釘を引っこ抜いてしまったのである（II.3）。大王の世界支配の運命がここにおいてこそ予表されるという、因縁話だ。

予言は本来、フリュギアの支配者のアジア支配を予表したものだとすべきであろう。が、それでも大王があえて結び目を解いてみせたのは何によるのか。

ゴルディオンに進駐したのは、なにもアレクサンドロスだけには限らない。キンメリア人しかり、ペルシアのキュロス大王しかりである。彼らが件の荷車とその伝説につき一顧だに与えた形跡がないのにもかかわらず、アレクサンドロスだけがどうやらそれに執着したのは、己がアルゲアス家の王国建設に先立つマケドニアに、ブリゲス（のちのフリュギア）人の国があったことを知っていたからでもあろう。

ヘロドトスによれば、「フリュギア人はマケドニア人とともにヨーロッパに居住していた間はブリゲス人と呼ばれていたが、アジアに移住した後は、居住地とともにその名称も変えてフリュギア人となった」とある（『歴史』Ⅶ.73）。本来フリュギアは、欧亜にまたがる国家だったのである。かくてマケドニアに引き寄せられて、原古の歩みをも思い描いた結果は、第一・二章で言及したフリュギアへの大移住は、まさにミダースの駆るあの荷車に導かれて敢行されたのだという話になる。

また、ヘロドトスでは、ミダース王がシレーノスを捕らえさせる例の話が、マケドニアで持ち上がったことだとされる。急峻なベルミオン山の中腹に、それぞれ六〇の花弁を持つ、比類なき芳香を放つバラの園があって「ミダースの苑《その》」と呼ばれているが、この花園での捕物劇だったというわけである（Ⅷ.138）。青年王《アレクサンドロス》の脳裡に「ミダース王の富」の説話が、マケドニアでの話として埋めこまれていなかったとも限らぬだろう。

アレクサンドロスにとってゴルディオスやミダースの伝説は、聞かされてみれば、わが身に無縁ならぬ話として直ちに想起し得たに違いないのだ。折から東征の成否を問おうとする内心の願望とも合致するにおいておやである。

フリュギアを舞台とするこの伝説を世界の檜《ひのき》舞台でのそれとしたのは、いわゆる「アレクサンドロス史家」たちの文筆記録を起点として、ギリシアの「東征」著作家らによる、ヘラス化された「ゴルディオスの結び目」伝説の創造であった。

ミダースはフリュギア固有の名で、歴史的存在としても同名の君主が確認されるが、ゴルディオスという名の由来は突きとめられていない。だが首都名ゴルディオンは、フリュギア語で「市《まち》」を意味する普通名詞で、逆に普通名詞が首都名のもとになったとも考えられる。ゴルディオスという名も、ギリシアの「名祖」のあり方からつくられた、言わば人為的な名ではないのか。

第二章の冒頭に触れたフリュギアの建国神話で、鷲《わし》の奇瑞に驚いたゴルディオスが異象についてのお伺《うかが》いをたてようとしたテルミッソスの占師についても、予言の伝統を担うテルミッソスなる名の市《まち》は、アナトリアでは遙けき南のカリアとリュキアにあるのみで、あまりにも遠すぎる。おそらく現実に即したことではなくて、アレクサンドロスの軍勢に、テルミッソス出身の占者が従軍していたことから持ち上がったのではないだろうか。

また轅にとまっていたという鷲にしても、前八世紀のボアズキョイのフリュギア人神殿で祭具とともに見出される鳥の小像が示すごとく、小アジアではむしろ鷹《たか》であって、鷲というのは、あまりにも世界帝国の建国譚にふさわし過ぎるであろう。

車はフリュギアの大地母神キュベレ女神の標徴《アトリビュート》であるが、ポンペイウス－トゥログス（後一世紀頃）によれば、農夫ゴルディオスの出会った少女はキュベレに違いないと言う（『ヒストリアエ－フィリッピカエ』）。ミダースはキュベレの息子とされたのである。

けだしアナトリアでは、車はそれ自体が王権の象徴であった。リュディアの王権に関する伝説によれば、リュディア人が混乱して国王を必要としたとき、車をつくる奴隷を捜したと言われる。つまりは車というものが、未来の国王の認知の手段となり得ることがほのめかされているのであって、ならば、ゴルディオスの車も、宗教的意義を孕《はら》んでいる。するとその結び目を解くことは、フリュギアの次代国王に正統性を賦与して、キュベレの祝福に与《あずか》らせることにほかなるまい。

この女神を、ギリシア・ローマ世界の祭儀では、祭礼行列の荷車に乗せて運ぶのが通例だった事情を軽視してよい理由はない。しかもポンペイウス＝トゥログスの先の史料では、件の荷車は、市《まち》の単にアクロポリスではなく、ゼウス神殿に奉安されたことになっている。そこに伝説のヘラス化の傾向がどうして認められぬであろうか。

アレクサンドロスが轅の結び目に胸のすく一刀両断を浴びせたという荷車の快挙の伝説は、フリュギア王権の栄光を、世界帝国の運命との二重写しにすることにおいて、ロバの頭巾に威儀を正したあの辺域の王様をも、欧亜にまたがる世界的後光を負った存在として、やがて注目の的とする布石となったのではないだろうか。

「ロバの耳」の類話

朝鮮からアイルランドまで

「ロバの耳」の類話は、「黄金のミダース」[4]の類話同様、西の涯《は》てアイルランドから東の涯て日本まで、それこそ地球規模で存在する。

原話ははたしてギリシアのそれなのだろうか。それが、たとえばアレクサンドロスの東征や、モンゴルの西征などを露払いとして、西へ東へと伝播していったものなのだろうか。

昔話研究というのは、本質は歴史的でありながら発生研究であって、歴史研究と同一でないところに独得の困難がある。発生学は現象の起源を、歴史学はその発展を問題とするものだからだろう。発生学は歴史学に先行し、それへの道をひらくものと言うべきか。

その点、先達の一人、佐々木理《ささきただし》は抑制が効いていて、ロバの耳の話は、「いつ頃からギリシアで語られたのかはっきりしない」「どこをどう通ったかは知らぬが、海をこえて到来した知識にもとづく話であろうとは、ほぼ言い切ってよいであろう」「この物語を語りはじめたのは一体、世界のどの辺であろうか」「広がり方はいずれもその土地の既存《きそん》のモチーフの利用である」「東のほうのものはインドまではゆきつくであろう。地中海以西のものがどこまで東へよるか、両方のゆきついた所に原話の発生地があるはずである」と語るにとどめている。

東洋における類話の例としては、一八九九（明治三二）年に坪井九馬三《つぼいくめぞう》（一八五八―一九三六）が「朝鮮の神話」と題する講演で紹介しているものを挙げよう。『三国遺事《さんごくいじ》』巻二に所載の、新羅は景文王（在位八六一―八七五）にまつわる昔話だ。

生まれつきロバの耳のように長い耳の持ち主だったこの王は、王妃も女官がたもそれを知らぬまま、ただお抱えの幞頭匠《ぼくとうしょう》（頭巾つくり）だけが一人この秘密を知っていた。主君の秘密を口外する筈《はず》もなかったが、死期を悟るや道林寺なるお寺の竹藪《やぶ》に、「わが君の耳はロバの耳のごとし」と怒鳴って遂に死んだ。その後風が吹いて竹が動くと、そのつど竹に声があって、「わが君の耳はロバの耳のごとし」と聞こえる。面白くないので王は竹藪を伐《き》り、代わりに山茱萸《さんしゅゆ》を植えさせたところが、風が吹くとやはり「わが君の耳長し」と聞こえた。

坪井がこれを植物に託して作った話とするのに対して、高木敏雄は、いや、耳の話に植物が引っ張りこまれたのだと反論し、論考「驢馬《ろば》の耳」（一九一二）(5)で、ミダース王の話を姉妹説話として持ち出してくるというわけである。その高木にしても、この話を「悪いことは隠そうとしても隠しおおせるものではない」という訓戒を込めた童話に見立てた点に対しては、批判もあるのだが。

西方への伝播についてはどうだろう。大同小異の類話を延々と枚挙する愚は避けて、ここではアイルランドのラブ王の説話を例に挙げよう。『希臘《ギリシア》神話の新検討』（一九四〇／一九四一）の著者、松村武雄《まつむらたけお》が紹介しているものである。

この王もロバの耳にそっくりな耳の持ち主だったのであり、それを頭巾で隠したところもミダース王と瓜二つだが、秘密の洩《も》れるのを恐れた王は、頭髪を刈らせるごとに理髪師を殺していた。ところがある理髪師に限って、助命嘆願が聞き入れられる。当然、秘密を明かさぬことを誓わされるが、秘密を胸に畳《たた》んでおく苦しさに病気になった。そこで誰かの入れ知恵により、柳の幹に穴をあけて秘密を囁《ささや》きこむ。病いはたしかに癒《い》えたが、以来、柳が風にそよぐごとに王の秘密を洩らす音を立てた、というものである。葦が柳に変わり、理髪師が病気になる点、やや異なるが、同工異曲だ。

かくて古今東西、ほとんどグローバルにさまざまな変奏があるわけだが、これらの話をどう解釈するかについての重点は、何らかの無様《ぶざま》な耳とそれを隠そうとすることにあるとは、必ずしも言えぬようである。たとえばJ・G・フレイザーのように、神聖者の髪の毛を切ることの禁忌《きんき》の風習を重視して、その名残りをミダースの物語にも見てとろうとする立場もある。

松村武雄は、ミダース王を、ロバを崇祀《すうし》する族《うから》における「王者にして祭司なる者」とするハリスンの解釈を、聴慧にして妥当なりと評価している。ロバの頭巾を被った神聖なる王者の影像が、大正末期にはわが国にも共鳴盤を見出していたことになる。

カーニバルと王権

捕らえられたシレーノスに、思いがけず教友を見出したミダースが奇遇を喜び、一〇日一〇夜にわたって繰り広げた歓待。いったいこの祝宴とは何だったのであろうか。

デュメジルはそこに、ローマ世界や中世ヨーロッパでのバラ祭と類を同じくする何かしらを見出す。一つの閃《ひらめ》きである。シレーノスを迎えての盛宴には、カーニバル式の祝祭が想定されはしないかというのが、デュメジルの洞察なのだ。

第一章において、シレーノスの捕物劇が演じられたとアテナイオスの言うパンノニアに関し、その舞台となるインナなる泉の名が、語源的にロバを意味することを一言したが（実のところ、より詳しくは「牡馬と牝ロバから生まれた仔獣」ということらしいのだが）、フリュギアでの歌くらべでロバの耳を付けられるミダースはロバ馬人《オノケンタウロス》にほかならず、かくてはパンノニアないしマケドニアの場面と、フリュギアの場面とが、ともにミダースの説話として大胆にも相寄らしめられたのは、ロバという共分母によったということになろう。いずれにせよ、ミダースは、相方のシレーノスに近い存在として、いささか動物なる主人公であったに違いないのだ。カーニバルの花形たちの大半と同じように。

カトリックの国々で行われるカーニバル（謝肉祭）は、ローマの冬至祭サトゥルナリアのようなキリスト教以前の農神儀礼に発するが、年の変わり目に世界と生命を更新する意義を担っていた。その仮面行列は霊界からの来訪者《まれびと》の列、つまり再生した死者たちであり、原初の時の再現でもあった。

インド・イランでは、甚だことは明瞭であって、伝説上の王が年の変わり目に「新たな日《ジェムシドヌールーズ》」を設けるのは、これを祝うとともに、その普《あまね》き王権を樹立するためであった。その仮面行列や騎馬パレードは、神王の威信を確立するため、あるいは王位の獲得を荘厳《しょうごん》するために行われたのである。

ミダースのあの祝宴についいては、そのカーニバル的性格が以前から予想されてきたが、単に説話中の一場面であるに過ぎず、対応する具体的な祭儀の存在が不明で、またトラキア・フリュギアの暦の起点も詳《つまび》らかにし得ない。しかし、印欧語族という大枠の下に、インド・イランからの知見をもって欠を補うことがもし許されるとするならば、年の変わり目の儀礼の中に王権樹立の意味が込められていることに、何らかの示唆を汲《く》みとることができるのではないだろうか。

神王インドラの楽人にして年の変わり目の魔霊ガンダルヴァ（乾闥婆《けんだつば》）と、ケンタウロス、わけてもケイロンとの酷似が、その際問題の鍵となることへの注目は、ひとりデュメジルのみには限らないのである。

仮面と頭巾

松村武雄におけるミダース論が、「ミダス王の驢馬の耳と呪面《じゅめん》儀禮《ぎれい》」と題して、「ゴルゴン神話と假面《かめん》儀禮」なる論考と併せ、その大著『希臘神話の新検討』の第六章「假面儀禮より見たる希臘神話」を構成していることは興味ぶかい。

ゴルゴン神話は、貌《かお》を見る者を立ちどころに石と化す女怪ゴルゴンの一人、メドゥサの首を英雄ペルセウスが斬り落とす話と、帰路、生贄《いけにえ》の少女アンドロメダを海の怪物から助ける話を骨子とするが、松村は、諸説を批判しつつ、胴体のない頭首の物凄《すご》さは、女怪に先立つ呪術的仮面ゴルゴーネイオンを成因とするというハリスンの考察に傾倒してゆく。

けだし東方起源の凄《すさ》まじいかかる呪面は、邪霊の毒視から身を護るのみならず、アテナ女神の楯《たて》

ゴルゴン・メドゥサの首

に嵌《は》め込まれたゴルゴンの首のように、すすんで敵を圧勝制圧するのだ。本邦の鬼面説話や中国古代の饕餮《とうてつ》（怪獣面文様）にも説き及びつつ、メドゥサ伝承も、究極するところ「祭儀用呪面の申し子」だとするあたりが、どうやら松村の結論であった。

仮面がギリシア世界で独自の発展を遂《と》げたのは、ディオニュソスの祭儀にまつわってである。ディオニュソスの仮面を付けた司祭に、サテュロスや狂乱女《マイナス》の扮装をした連中がつき従う賑やかな行列《パレード》が思い浮かぶが——そしてそこから、ギリシア劇の仮面へと展開してゆくのだが——元来は、「酒杯の祭り《コエス》」で、この神の大きな仮面が木の柱に懸《か》けられている前で葡萄酒《オイノス》が混和され、調合したものをまず初めに干していただくべく、仮面に差し出されたりしたのであった。その仮面は、ばかでかい寸法ゆえに、人間が顔に被ったりはできぬものもある代物であった。

仮面そのものに神秘の力が現前する。大きな目をした途方もない顔を真正面に向け、免れ得ぬ視線において霊験まさにあらたかとなる。それは見据《す》える神であった。金縛りの対面と言うべきか。仮面はまるごとすべてが出会いなのだ。仮面《おもて》には裏面《うら》があり得ぬ。「仮面はそこにあり、同時にそこにないものの象徴であり、顕現《エピファニア》」であった。W・F・オットーは、仮面とは「最も赤裸々な現前と絶対の不在とが一つになったもの」なのだと、『ディオニューソス——神話と祭儀——』で喝破《かっぱ》している。

仮面を被る者の超人的存在感が、「霊格と仮面の一如《いちにょ》」としてそこに開顕《かいけん》するということであって、かくては仮面それ自体が、魔霊を圧勝祓除《ばつじょ》する呪能を秘めることになる。仮面《マスク》の語源なる「バスカ」から「護身符《バスカニア》」が抽《ひ》き出される事実のごときも、その一つの徴証と言っていいであろう。が、一歩すすめれば、仮面を付ける者を霊格そのものとなす「勢能《せいのう》」の立場が今ひとつ出てくるのであって、この場合は、神々が観る人に横顔をも見せている。おおむね横顔を示すミダース王の頭巾も、つまりは、そうした勢能——「聖なるもの《ダス・ハイリゲ》」——を秘める仮面だったのではないだろうか。

教皇の三重冠

教皇の三重冠とフリュギア帽

そのような勢威を帯びる仮面の消長を、その後の歴史に少しく追ってみよう。何と言っても注目に値するのは、教皇の頭巾「三重冠（ティアーラ）」であろう。その由来とはそもそも何か。ティアーラとは、一種のターバンであり円錐状の帽子であるが、ペルシアからの外来語で、起源はかくて古代東方《オリエント》であり、世界帝国ペルシアの皇帝が権標とした二つのものの一つ、引見の際、頭上にかざされる傘蓋《チャトル》と並び、威儀を正した大王が頭上に戴く冠《キダリス》である。

フォーゲルはヘブライ語でも「王冠」を《keter》と言うことを確認した上で、ラテン語の《corona》ならびにそこから派生するヨーロッパ諸語と、《kidaris（頭飾り）》や《keter》との平行関係を問いつつ、「荷ロバ《カンテーリオス》（kanthēlios）」をめぐる語場の意味群を想定してケンタウロスをも関係づけるが、さらに広義の司教冠《ミトラ》なる呼称をそこに重ねると、先述の通りフランスの俗語で《mitre》とはロバのことだから、全般的にロバ飼育文明が何らかの磁場を背後でかたちづくっていることが推察されるのではなかろうか。

ペルシア大王が神へ嘆願する折には、王冠の頂上に重ねて桃金嬢《ミルテ》（ギンバイカ）の枝を飾ったというが、中でも大切な頭巾は、馬——あるいはロバ——の頭皮からつくられたものの上に、鶏冠《とさか》が飾られたものであった。

意外の感を禁じ得ないが、鶏冠は古代の文学では、ロバ同様、生殖能力の象徴とされていた。しかも、晨《あした》に時をつくる鶏鳴は、ロバの叫喚が神性を告知するとされたのとよく似た大事な位置を、祭儀において占めたのである。

だから、ロバの祭儀が落ち目になると、ロバと鶏《にわとり》の結びつきも評判が悪くなって、三重冠も嘲弄《からかい》気味に愚者の頭巾にされてしまう。余波は遙々《はるばる》フランスの岸辺に打ち寄せて、「ロバ鶏《コッカラーヌ》（coq-à-lane）」とは、頓珍漢《とんちんかん》のことにほかならないのだ。

ロバの頭巾が本来なら敬意を払わるべきことの裏返しの挿話に過ぎぬが、それが「フリュギア帽」として、ミダースの王国の痕跡をとどめつつ裾野を広げていったところに、えも言われぬ歴史のおかしみがある。どのような曲折を辿《たど》ってのことであったか。

前三世紀半ばローマ最古期の貨幣には、トロイアに由来するローマ民族の始祖母神《しそぼしん》ロメ（Rhome）の像がフリュギア帽子を被った姿で刻まれている。ローマにとり、フリュギアとの因縁はその振り出しからという趣であるが、セビーリャの大司教イシドルス（五六〇頃―六三六）が「司教冠《ミトラ》とはフリュギアのフェルト頭巾だ」（『語源学』XIX. 31. 4）と記す通り、教皇の三重冠《ティアーラ》も自明的にフリュギアに由来するものとして語られてきたのであった。

フリュギアの王様のあの頭巾が、教皇の三重冠として生きのびたということであって、教権の原点には、司霊者たるミダースが霊格の表出なるロバの頭巾＝仮面を付け、祭儀が実修される間は、仮面が霊格と同一化していたという前史がある。

ただし、聖界の頂点と結びついたまま現代にいたるまで途絶えることのないこの主流と別に、思いもかけぬ傍流があって、これが西欧近代史に鮮やかな点景となってフリュギアの記憶を呼びさますのである。

すなわち、古代ローマで解放奴隷は、自由の印としてフェルト頭巾（pilleus）を女神フェロニアの神殿において被せられた。ペルシア大王のそれと同じフェルト帽子で、フリュギア帽と呼ばれた。遙かのち、フランスの大革命に際し、サン＝キュロットの被るクラウン（帽子の「山」の部分）の垂れ下がった赤い円錐形の帽子が、「フリュギア帽（bonnet phrygien）」として、民衆の自由の象徴とされたのである。当時の古代風俗への心酔も一つの布石となっていたのであろうか。一七九二年、チュイルリー宮に乱入したサン＝キュロットの面々により、ルイ一六世もむりやりフリジア帽《ボネ》を被らされたものである。

この帽子が赤いというのも、見過ごしていいことではない。前記の通り、赤とはロバに帰される色であった。ロバの分布する地域でお目にかかる赤い盛装や、王者の赤い権標も、ロバの祭儀に帰されるのではなかろうか。

馬類飼育では一流だったイランのメディア人は赤紫の礼服を着用したし、キュロス大王も事あるごとに帝国の顕官《けんかん》らにメディア風に装わせたものである。赤紫、紫、緋色、真紅などに威儀を正した百官が佇立《ちょりつ》するその盛観！　エチオピアでは、赤い天幕は戦士にとり、ゆめゆめ拝すること能わぬ王様のシンボルであった。そこでは赤の色調こそが美の理想だったのである。ロバの体毛が赤いように、彼らは自分の髪も赤く染める。

東アフリカには白いロバがいるのだけれども、これはせめて尻尾だけ赤く染めた。赤に最もしばしば添えられるのは白であり、赤紫の縁どりとか、白地に赤い縞模様など、紅白のコンビネイションが高く評価されもしたのであった。

南海の皇帝

ロバ飼育者の頭目は、その肩書を「ロバ」という語をもってした。イスラム世界の総督《アミール》も、エミールなどといったロバ飼育者の肩書同様、ロバ（アッシリア語で imeru）

とつながる名にほかならない。

そこで最後に、君主の位階では頂点をなす皇帝という称号と、ロバとの関わりにつき、一瞥《いちべつ》をくれておこう。ユリウス＝カエサル（前一〇〇頃—前四四頃）の流れをひくというのが、言うまでもなく常識なのだけれども、そこにもまたロバとの関連が隠れていると考えられる。

カエサルその人を生み出したユリウス家は、小アジアに由来する。そう言えば、皇帝《インペラートル》という語は帝国の西の部分で用いられることが多いのに対して、東では地名にもカエサリアなどカエサル系統の名が主に痕跡を残している。ローマ建国の祖アエネアスの父、トロイアのアンキセスにしてからが、《ansu（シュメール語でロバ）》にまつわる名を帯びたのである。

『エリュトラー海案内記』（後一世紀頃）には、件の「幸福の」アデンが、南アラビアに「合法の王」として勢威を張ったカリバエル（Charibael）なる王の王国に属していたとされる一方で、「今を去ること余り遠くない頃に皇帝《カイサル》がこの市を征服した」という記述がある（23. 26）。その「カイサル」とは何者か、学者たちの間で議論百出なのだが、フォーゲルは、カリバエルその人が皇帝《カイサル》を名乗ったとすべきだと言う。ローマではこの頃、皇帝はアウトクラトール（専制君主）と言い換えられるのが、通例となっていたのである。

カリバエルはある個人の王の名ではなく、当時のその地域における王の呼称で、ここに言及されるカリバエルは後四〇—七〇頃在位の王と考えられるが、ともあれローマ帝国との修好に当たりこの王様が、相手に対し対等な呼称として、カイサルと無造作に名乗ったのではないかというのが、フォーゲルの想定である。

アデンと言えば、先述の通り、ロバと関わりのある地である。「カイサル」は、ロバ（アラビア語でḥ-m-r）にまつわるヒムヤル地方の王様の称号でもあったというわけである。

フォーゲルは、トルコ語の《gaizar》や現代ギリシア語の《gaidaros》をはじめ、エジプト、シリア、キュプロスなど、ロバ飼育の中心圏から、バルカンやアルメニアにいたるまで、「カイサル」につながるロバ呼称の遠い谺《こだま》を、音韻論の面からも、執拗に追跡してゆく。

ロバの頭巾＝仮面の影響圏の、ある涯《は》てしなさに思いを致すべきではないだろうか。

（4）『大鏡』には冒頭の「雲林院菩提講」に、「おぼしきことといはぬは、げにぞはらふくるゝ心ちしける。かゝればこそ、むかしの人は、ものいはまほしくなれば、あなをほりてはいひいれ侍りけめと、おぼえ侍り。」の一節が見られる。直接、耳の話としてではないのだけれども。

（5）ミダースの物語がわが国の一部知識人の間で、想像のほか早くから未知の名ではなくなっていたことは、はしがきにも述べた通りで、草分け高木敏雄による「驢馬《ろば》の耳」の先駆性は「空谷《くうこく》の跫音《きょうおん》」とさえ評されたのであるが、この人はそのあとの一九一三年、わが民俗学の先覚、柳田國男（一八七五―一九六二）と「郷土研究」誌を創刊。惜しくも夭折して、次に引き継ぐのは、旧制高校で彼からドイツ語の手ほどきを受けた松村武雄（一八八三―一九六九）であった。

大正・昭和期、日本神話学を体系化した松村は、ギリシア・ローマや北欧の神話にも造詣が深かった。

他方、学統を異にする佐々木理（一九〇〇―一九九一）にも「葦のささやき」の一篇があって、彼の小著『ギリシア・ローマ神話』に収められている。

九　戦争と平和

馬の王マルクの場合

「トリスタンとイズー（イゾルデ）」の物語に出てくる主人公トリスタンの伯父マルクは、「馬の王」であった。愛馬モルヴァック（「海の馬」の意）にまたがり獣を追うのが無上の悦楽だったが、ある日、見たこともないほど麗しい白い牝鹿に一矢を放ったところ、反転して馬を貫き、死せる馬は海に落ちた。牝鹿は実は、イスの町の王女なる妖精ダヒュだったのである。

ダヒュは海の妖怪セイレンに変身し、蘇らせた馬の背に乗って逃げ去ったが、それに先立ち、ミダース王の場合におけるアポロンの役割を果たすことを忘れていない。王の残忍に対する罰として、魔法の杖の一振りにより、愛馬は今後人間なる主人の耳を付け、王その人は、愛馬の耳と風になびく鬣《たてがみ》とを身に付けることとしたのである。

ちなみにMarc'hの語尾《ech》は、ラテン語の《equus》からきたアイルランド語で、「馬」を意味する。ブルトン語（またウェールズ語）では「馬」は《march》で、マルクは名実ともに「馬の王」となったことになる。

さてとんでもない取り替えで、日に日に伸びてくる鬣が王の悩みの種。刈らせるごとに床屋を殺すうち、一人だけ残った——王の乳兄弟だったという話もあるが——理髪師に、他言無用の条件で生命を保証した上、魔法の鋏《はさみ》で二度と生えぬよう刈りとらせた。基本的には定石通りの話運びと言えよう。

床屋がそんな秘密を胸に畳《たた》んでおく息苦しさに堪《た》え切れなくなるのも、他の類話群とそっくりで、この場合は砂丘に穴を掘って叫び込んだその跡から、三本の葦《あし》が生えてきた。折から宮廷では演奏を前に楽器合わせをしようとしたところ、簧《リード》がなくなっているので大騒ぎ、葦を見つけてそれを切りとり間に合わせたが、いざ奏でようとすると、楽器が一斉に「マルク王の耳はモルヴァック馬の耳」と叫び出したではないか。そこへいたずらな風が、王の頭の覆《おお》いを吹き飛ばした。爆笑の渦となって王は逃げ出し、海に転落するという話になっている。

以上は一二世紀フランスのベルール（Beroul）編による『トリスタンとイズーの物語』の一異伝に窺《うかが》われる、「馬の耳を付けられたマルク王」の説話。モロワの森に遁《のが》れた恋人《アジール》たちが苦難の日々を送る話の腰を折るがごとくに、挿入される。

前記の一段落の後、王を憐れんだダヒュが、その身を流されていたブルターニュからウェールズはコーンウォール（コルヌイユ）の岸辺へと移し、愛馬同様生き返らせて、耳なども元通りにしてやった。それから一八年の後、甥なる好青年トリスタンがその海岸に流れついて、例の物語がまた始まるのだとして、この挿話は締めくくられる。

恋人たちのその後がいかなる曲折を辿《たど》るかは記さないが、死による愛の聖化というこの運命劇は、近代にいたっても詩に演劇に音楽に取り上げられ、たとえば第二次世界大戦末期、フランス文壇の異才コクトーにより映画化された『悲恋』（原名『永劫回帰』）などは、今なお感銘色褪《いろあ》せることがない。

恋人たちにとっても不幸の禍根となった君側の侏儒《こびと》フロサンが、王の耳の秘密をただ一人知り、これを洩《も》らすという意味で、物語に関連してくるとはいえ、一応圏外としておこう。

王の動物標徴と王権行使

問題は、馬とかロバの耳といった、王の身体が帯びさせられる動物の標徴である。そうした動物の標徴とは、トーテミズム信仰の名残りなのだろうか。またマルクやミダースは、動物的特徴を帯びた神が人間神格化を経た結果なのだろうか。仮説の野は桁《けた》外れに広く、異伝も千差万別である。

『転形譚《メタモルフォーセス》』に描かれたミダースのロバの耳は、アポロンの逆鱗《げきりん》に触れた気の毒な結果であった。これに対し、第八章では、ロバの耳の頭巾《ずきん》が実は王としての象徴であったことに触れたが、二世紀のギリシアの著作家フラヴィウス－フィロストラトスの『ソフィスト列伝』に関説されているミダースは、大母神《だいぼしん》キュベレを母とするその不思議な出自のしるしに、ロバの耳持てる姿で生まれてきたことになっているのだ。

アレクサンドロス大王は、キルギスの説話によれば、頭に二本の角が生えているのが悩みの種であったが、これもそうした動物的標徴の一つか。生まれつきの頭の角がなくなれば、力を失い、連戦連勝はできなくなると予言されていたので、常に頭上高く兜《かぶと》を戴《いただ》き人前で脱ぐことがなかった。お頭《つむ》の秘密を守るため、頭を刈らせるごとに理髪師を殺していたが、一人だけ目こぼしにした。角の異常は拝さなかったと言い張ったからである。この場合も、そ奴はもの言い得ぬ苦しさにたまりかね、井泉へ秘密を囁《ささや》き込んだが、言葉は井戸から跳び上がり、葦の間を走りぬけて、風のそよぐごとにステップに広がり、牧童の耳に入って、噂は八方に広がるのである。

滑稽《こっけい》話の部分は今は措《お》く。問題は、耳が、あるいは角が、王者のそれだったということである。角の秘密が周知となると、大王のもとに敵の一人が忍びこんで、角を切り落としてしまう。すると大王は幼児同然となって、戦争を指揮するどころではなくなるのである。

大王の伝説は、東方世界一円に、言語もさまざま、遍満していて、『コーラン』第一八章「洞窟」には「二本角《ズルーカルナイン》」の世界征服のことが語られている。神話的なこの征服王はほとんどメシア的な相貌を呈し、雄羊の角持てるエジプトの太陽神アモンとの父子関係さえ取り沙汰《ざた》されるのである。

王の標徴としての角に関しては、『旧約聖書』でも、『申命記』（三三：一七）に「彼（ヨセフ）の牛の初子は威厳ありて、その角は野牛の角のよう、これを以《もっ》て国々の民を悉《ことごと》く突き仆し、地の涯《はて》にまでも及ぶ」とある。

王権行使の正統性と、首長の動物標徴とがこうして組み合わされるとき、そこに超自然的由来がたずねられなくてはならぬ。フランス、アナール学派の歴史学者マルク＝ブロック（一八八六―一九四四）の名著『王の奇跡』は、王の「お手さわり《ロイヤル・タッチ》」への俗信に王権の呪術的起源を探ろうとした先駆的業績だけれど、その「奇跡を起こす聖なる王権」の一章に、我々は恰好《かっこう》の示唆を汲《く》むことができる。

けだし王は、「その尊厳を啓示する神秘的なしるしを身に帯びた超自然的存在」として民衆の集合的無意識の中に座を占めつづけ、王のしるしへのかかる信仰は、動物標徴という古拙なかたちで保持された。時代を経るにつれ、合理的心性に受け容れ易いあり方に順応して、四世紀頃からは、キリスト教流に肩の上の十字架のしるしが、それに見立てられることになる。

神聖な人間たる王は奇蹟的治癒者であり、聖者と同じ霊験《れいげん》がある。死せる王さえもだ。凡百の頽《たい》落《らく》期中世文学が残したものも、「夏のバラより紅《くれない》な」十字型の「痣《あざ》」こそは、「王の十字架《クロワ・ロワヤル》」として王の血統の証《あか》しだとするような、根強い俗信の軌跡だったのである。もっとも陳腐化すれば、一五世紀の記録が垣間見せるように、西フランク王国カペー朝（九八七―一三二八）を飾った百合の花（の紋章）が十字に取って代わりもする。そこでも王の呪術性がどこまで手つかずに保たれ得るかは、また別の問題なのだが。

王権の行使には、その機能を果たし得る特別な肉体的要請に王が適合していることが必須となる。たとえばアイルランドの神話では、戦場で腕を斬り落とされたヌアザ王は王位を退く。が、医神が義手（銀の腕）をつくってくれたので、不思議や王位に返り咲くのだ。

とするとマルク王の場合、その馬の耳は、王のしるしとして正負いずれか。そしてミダースのロバの耳は？

民族移動期にフン族の王アッティラ大王（在位四三四―四五三）は、禿頭《とくとう》で犬の耳をしているとされていた。その相貌は、フンにせよモンゴルにせよ、西欧の中世人がしばしば辺境の民を表象した犬頭人のそれで、王としての本来の呪術的機能の彼方に、怪物性として、ということは負のしるしとして、解釈されていたことになる。一五世紀ワラキア（現在のルーマニア）の吸血鬼《ヴァンピール》伝説もこの範疇に入るかもしれない。

けだしそのようなかたちで、文明圏の自己認識の形成に辺境なる「他者」が寄与したということでもあるが、その点、馬は、ヨーロッパ人にとり、あまりにも内なる存在となっている。彼らにおいていったい馬とは何であったか。

馬と戦車の登場

ヨーロッパ世界の誕生――裏を返せば古代地中海世界の没落――が、そもそも馬を抜きにしてはまず語れない。三世紀、ローマ帝国を揺るがしたのは、域外にようやく全貌を現してきた遊牧騎馬民族の浸透であった。

ユーラシアの巨大空間を疾駆する騎馬勢力の強襲で、否応ない軍事変革の大波に曝《さら》された帝国がガリエーヌス帝（在位二五三―二六八）の下に断行したのは、国内の重装歩兵を中核とする伝統的な国境守備軍団から、遊撃的な機動部隊への兵制一新であった。こうして四世紀、ひととき蘇った平和のおかげで、ローマの文化創造は不滅の光芒を放つことができたのである。

階級対立など、対内関係を軸に展開しがちだった古代・中世連続論はじめ従来の学説に対し、むしろ「対外関係の優位」を主張して、戦後西独の史学界を牛耳ったとも言えるベルリン大学のフランツ＝アルトハイムあたりが、歴史的決定因としての馬の重大性を、いやが上にも浮かび上がらせたと言える。

馬は本来、印欧語族独特の家畜である。この語族の原住地問題はひとまず措《お》くが、前三〇〇〇年紀の西アジアには、まだ馬がほとんど棲息しなかったとは言えそうである。シュメール人は馬を「山のロバ」と呼んで、自分たちの「砂漠のロバ」と区別した。山とはこの場合、東方イラン地方に接した山地を指している。

前二〇〇〇年紀中葉頃から、カッシート、ミタンニ、ヒッタイトなどの移住の波が、各地に次々押し寄せた。彼らが使用したのは、馬に引かせた軽快な二輪戦車だった。これが戦争の歴史に、実に革命的な変化をもたらす。

戦車そのものは、このときに始まったわけではなく、前二七〇〇年のウル王墓基壇で出土のモザイクには、ロバに引かせた四輪の戦車が描かれている。でもその車輪には輻《や》（スポーク）がないのだ。ロバの足どりでは速度にも限界があろう。それに比べて、馬に引かせた戦車は戦場を疾駆する。天高く砂塵《さじん》を捲《ま》き上げつつ、轟音《ごうおん》とともに突っ込んでくる。四方八方に矢を射かけながら。

ハンムラビ（在位前一七九二―前一七五〇頃）に象徴されるバビロン第一王朝が前一六〇〇年頃滅ぶのも、ヒッタイトの古代「機甲師団」の電撃作戦によってであった。前一七世紀のエジプトに馬と戦車の新機軸を持ち込んだのも、たぶんセム系を中核としつつ印欧語族から技術革新を受け継いだヒクソス（砂漠の王子）なる侵略者の族《うから》であって、ミュケナイ文明圏との接触もあった。試練を克服したエジプトは、前一〇〇〇年紀後半には新王国の隆盛を謳歌して、シリア、パレスチナ方面へと反攻に転じた。

多極化したオリエント世界で、かくて当時のハイテク軍団が疾風怒濤《しっぷうどとう》の角逐《かくちく》に明け暮れて、つづく前一〇〇〇年紀は、新アッシリア、新バビロニア、ペルシアと超大国が興亡を繰り返す世界となる。帝国の時代だ。鉄製の武器と戦車を備える、いよいよ精強な騎馬軍団が征戦と統治の両翼をかたちづくる世界帝国の周縁では、ミダースの王国を滅亡の淵に追い込んだキンメリア人をはじめ、アケメネス朝ペルシアのダレイオス大王（在位前五二二―前四八六）の北伐をも一蹴したスキュタイ人など、騎馬遊牧民の大群が、逐鹿場裡《ちくろくじょうり》の覇者たちをも裏から脅かすことであろう。その災禍は、ローマ帝国の時代となっても、四―五世紀のゲルマン民族の移動として大々的に引き継がれるという次第だったのである。

ところで本章はトリスタンとイズーの物語から稿を起こしたが、「馬の王」となってしまうマルクの出自であったケルトの民における馬とは、何であったのか。

もとドイツの東方やバルト海辺を生活圏としていたケルト人は、前九〇〇年頃にはドイツに入り、ヨーロッパの大半に領域を広げた上、ガリア（フランス）がローマの軍団に抑えられるや、アイルランド、ウェールズ、スコットランドなど「島のケルト」圏域に、独自の文化を花開かせた。その開拓者がおそらく騎馬戦士だったのは、彼らの崇敬するのが馬の女神エポナであったことが証《あか》している。

馬は、運搬や耕作など労役に使われることはなかった。もっぱら騎乗や戦車のためで、主人と戦場に生死をともにしたり、神への犠牲に供されたりもした。ただし人馬のその関係は、主従のそれには還元されない。「馬はその背に乗せる人間に従うことで、その人間を高めこそすれ、その奴隷になることは決してない」からである。「馬は誇りや自尊心と同義であった」。

牝馬に横座りする女神《エポナ》の像が――ドルイド僧を媒《なかだち》にすると否とに関わらず――喚起し得たのは、義務や禁忌にあらざる、あくまで自己超克の倫理であった。女神は純粋霊であり、馬の背に魂を乗せて他界へと運ぶ死の象徴でもあったのである。

マルク王の苦しみは、言うまでもなく「寝とられた夫《コキュ》」の屈辱である。妻イズーの裏切り。それはケルトの王たちの宿命であるかもしれない。ケルトにおいては、主権は王妃――地上のエポナ？――にこそ体現されているからであって、王が結婚するのは、この主権とであった。権力を独占し得ぬ以上、王位に即《つ》いた途端、自由を失い、私心を去って民に身を献げなくてはならない。特権であるより、それは犠牲的行為だったのである。トリスタンは、復讐神となったマルクが冥界へと拉《らっ》し去るほかないであろう。

馬とロバの対位法

馬と戦車の登場が世界史にもたらしたのは、一つの革命であった。軍事面での刷新と大規模化は、莫大な支出により経済面で国政の根幹を揺るがす。馬の調教と車輌の管理には、年月と技術革新が要求されよう。が、何より肝要なのは、騎馬戦士の養成であって、「速度」の観念が浸透する新しい世界において、戦車武人のエートスを身に付けた破天荒の人間類型が誕生してきたことになる。馬と戦車は、「おそらく近代における火器よりも、当時の世界を大きく変えてしまったのではないだろうか」。某史家のこの述懐は、必ずしも極論とは断じ得まい。

以後、西方世界における馬の戦歴を辿ることは、馬の文化史、あるいは世界史と銘打つ諸書に委ねることとしたいが、馬上天下を取るといった勇壮な戦国絵巻の連続のみではなかったにせよ――

たとえば、ホメロスの英雄のように、わざわざ戦車から飛び下りて雌雄を決したり、中世農耕民の登場のように、戦場以外の場で村落形成の決め手の一つとなったりしたこともあったにせよ――巨視的には、破壊的創造の推進力として、常に馬が局面打開の先頭を切ってきたことは否めないのではなかろうか。すでに『旧約聖書』でも、ロバがおおむね農耕との関連で言及されるのに対し、馬はほとんどが軍隊や戦争にまつわって取り上げられるのだ。

近世における火器の長足進歩で、歩兵に比し騎兵の主役の座が揺らいだという通説を次々裏切るかたちで、歴史の曲がり角に、大空間を制圧する騎兵部隊の神速が決戦の死命を制しつづけた。二〇世紀の機械化時代――機関銃と鉄条網の時代――となって初めて、人間がウマなき機甲師団に復讐されるまで（もっとも第二次大戦の緒戦、ポーランドの槍騎兵がドイツ戦車部隊に突貫して玉砕するのを死におくれの最後の証人とするのだけれども）、あるいは大航海の時代となって以来、海域世界が内陸世界に対し優位を最終的に獲得するまで、馬こそが歴史の形勢を左右するその鍵でありつづけたわけである。

それに比べ、ロバの存在は、いかにも地味過ぎはしないだろうか。

前述の通り、ロバ追いどもに追いつかわれるロバの群れは、東アフリカあたりからはるばる長年月をかけ地中海辺に姿を現したのであるが、馬やラクダが重宝されるようになる以前からすでに、ロバは人間の補佐かつ伴侶でありつづけてきた。馬とロバと、この対蹠《たいせき》は一つの括目《かつもく》すべき史の対位法のパノラマだと言うほかはない。

そうした悠遠の昔から、ロバを意のままにする人々が有力な地歩を保って、のみならずロバ引き連れて見《まみ》える土地々々においても、つどつど見る間に地歩を築きもした。そうした場合、多くは通婚その他、平和裡《り》の浸透により支配権を手にしたようである。ロバ人間は、飼育者、交易商、鍛冶職人などとしてやってきたのであって、ゆめゆめ征服者としての入来ではなかった。ミダース王はもちろんのこと、キュプロスの王キニュラスにしても、それら僭主《せんしゅ》的な王者は、軍事力よりもロバ飼育を基軸としつつ、採鉱などを権力基盤として富強を誇ったのであった。

繰り返すが、往昔よりロバは平和の獣であった。引き連れる面々も、その限りでは平和の徒輩である。登場の初めから軍用だった馬とは大違いである。騎士を乗せ、戦車を引き、主人とともに欣《きん》然《ぜん》と死地に赴《おもむ》く。そのような役柄へと馬は調教されてゆくわけである。その点ロバは、騎兵隊の突撃で乗用に供されるには、あまりにも強情であった。要するにわがままなのだ。あるいはむしろ賢すぎると言った方がいいのかもしれない。

かくて主《あるじ》に仕える主役の座を後輩たる馬に乗っとられ、その馬が力と支配の象徴とされる時代へと向かうにつれ、馬の威信に反比例して、ロバへの蔑視は、ほとんど恥さらしとすらされるにいたるのである。

もっともロバが失ったのは面目ばかりで、相変らずの有用性は、ヘレニズムからローマや中世、

粉挽き小屋へ穀物を運ぶロバ

否、近代にいたるまで、ロバなくしては粉挽《ひ》きの臼《うす》ひとつ回すこともできはしない、といった事情が如実に示す通りであろう。こうしてロバは、かえって純然たる役畜として、ますますもっぱら奴隷労働を押し付けられる羽目となっていったのである。労働が辛苦として忌み嫌われる現在にいたる世界においても。

「動物は、ただ生が与えられているのみならず、またその挙動の一定不変の演《だ》し物までもが所与なのである。……その生はけっして虚ろだったこともなければ不決断だったこともない」。オルテガの『狩猟の哲学』の一節だけれど、にもかかわらず、動物にも歓ばしき労働と、しからざる労働とがあるのではないだろうか。

今一度、匣《はこ》型竪琴を奏しつつロバを歩ませる、革袋を背にした男の図を思い起こしていただきたい。シュメールの昔から、ロバの労働はしばしば音楽の言わば伴奏付きであった。労働もその限りでは歓びだったに違いない。諺《ことわざ》にも「琴から遠く離されたロバは、そっぽを向いている（onoi apō terō kathēntai tēs lyras）」とある。「ロバの琴聴《オノス-リューラス》き」の裏返しになると思うが、そこには徐々に忘却の淵に沈んだ歓ばしき労働のありし日々がほのめかされている筈である。

だが沈下したのは、ロバだけではない。ロバがどこにでもある廐舎にどうでもいいものとして繋《つな》がれるようになるや否や、ロバやラバを追い駆り立てるのは、もはや特権とは意識されなくなってしまう。素質も知能も品位も、無用だと言わんばかりに。ロバ追いたちの信望も、それに応じて地に堕《お》ちていった。ろくでなしとされ、「まともな」連中からは遠ざけられたのである。

性の自由から道化へ

ロバ追い、ラバ追いどもは鼻つまみとされたが、厩番《うまや》する彼らの間では、あるいは彼らの斡旋《あっせん》で、お手軽に満足させてもらえる性行為もあって、そうした衝動に耽《ふけ》る者たちもいた。陽根《ファロス》の目立つロバなる動物が、古風なロバ追いたちの間で惹《ひ》き起こしたのは、定住文明圏ではまたと到達し得ぬほどの性的な自由であった。

音楽と性的悦楽とは、ロバ追いたちにとり、文化的に一まとまりをなす。両刀づかいだと言ってもいい。アポロンの血をひくトラキアの吟遊詩人タミュリスは竪琴の名手であったが、次のような話になっているのだ。

すなわちアポロドロスによると、「その美貌と吟唱の技にかけて人にすぐれていたタミュリスは、ムーサ女神たちと歌の技の競いをした」。その結果は、「ムーサたちが勝利を得て、彼の両眼とその吟唱の技とを奪った」(『文庫』Ⅰ.3.5)。傲慢不遜ゆえに血も涙もなく罰せられるあたり、マルシュアスやキニュラスの運命と酷似する。音楽革新におけるこの花形が光までを奪われたことは、目隠しされたロバが石臼を黙々と挽く境涯に落とされたこととの比喩とも見えるではないか。

ただ歌くらべの際の条件は、自分が勝てばムーサイをすべてわがものにするというものだったというから、たいした自惚《うぬぼ》れである。音楽におけるこの第一人者は、女性《にょしょう》との色恋沙汰《ざた》と同時に、男色においても第一人者であった。タミュリスが男性を愛する魁《さきがけ》となったそのお相手は、アポロンが円盤で心ならずも殺してしまったヒュアキントスであった。つまりタミュリスはアポロンの恋仇《がたき》だったということになる。ロバ飼育圏の奔放な性的悦楽は、かくて神話の世界にまで華やかな影を投じていたのである。ちなみにアキレウスを愛育したケイロン——七弦琴《キタラ》をかき抱くケンタウロス——も男色とされたし、オルフェウスもトラキアに少年愛を持ち込んでいる。

ロバが落ち目になるとともに、ロバにまつわる風俗やそれへの愛着も、西方世界では性的逸脱としてまともに相手にはされなくなっていった。人々のロバに対する尊重の念が減ずるや、ロバ追いたちがその周囲から際立たされる所以《ゆえん》のすべてが、性の暗流に捉えられ、深みへとはまってゆくわけである。

ギリシア幕間《まくあい》喜劇の発足などがあれほどおかげを蒙ったサテュロス、シレーノス、またケンタウロスも、もはや真面目には取り上げてもらえない、おどけた道化へと化してしまう。喜劇役者としての平和愛好が怯懦《きょうだ》とされれば、生きる歓びは牛飲馬食に堕し、思春期の情熱も浮薄や猥褻《わいせつ》になり下がってしまったのである。

さなきだに下世話じみてきた彼らの余生が、キリスト教の時代になって、よくなることはなかったであろう。

ロバの文化史は絶えざる衰退の歴史である。おそらくミダースの物語も、ロバの貶《へん》視《し》において、その衰退の一こまをなすという含意も伴いつつ。フォーゲル教授の述懐である。

悪魔とロバ

それにしても悪魔と言うと、ロバ追いやロバの魔霊が連想されるのはなぜであろうか。悪魔が残す硫黄の臭いが金属加工のそれであり、蹄鉄づくりの鍛冶場が思い起こされて、それがロバ飼育文化の一翼をなすからであろう。それだけではない。淫蕩《いんとう》ぶりもまた悪魔の属性だけれど、これがそつくりサテュロスやケンタウロスにも当てはまるのだ。後には教父たちも、この点に「堕《だ》天使」の天界放逐《ほうちく》の理由を見ている。

人界に堕《お》ちて悪魔となった堕天使は魔法つかいであり、一夜にして大伽藍《だいがらん》を建立してみせたりもする。そのため中世の聖堂のとりわけ棟梁が悪魔と重ね合わされたりするが、すると古代末期から中世にかけてのあの遍歴石工組合《バウヒュッテ》に、謎めいた知識や技能を秘めてめぐりゆくロバ追いの伝統が、何ほどかは保持されていないであろうか。あるいはそんなところから、フリーメイスンの東方的象徴体系を解く鍵が見つかるかもしれない。いずれにせよ、この連中も世間から悪魔扱いされており、魔女《ヘクセ》と並び、古典的悪魔の双璧をなすわけである。ちなみに魔女も、しばしばロバの頭を付けた姿

ロバの頭を付けた魔女(左)

で天翔《あまがけ》るのだ。

そうした時代にお目見えする悪魔像の多くはサテュロス姿で、牧笛を奏しつつ山羊を供犠《くぎ》しようとしていたり、洞穴の上では狂乱女《マイナデス》たちが踊っていたりする。ことに魔王《サタン》にはロバの足がつきものであって、足萎《な》えロバとは、つまり悪魔のことであった。ちなみにkyllopodion(跛行《はこう》)とはkillos(ロバ)とpus(足)の合成であって、ロバは毒蛇に噛《か》まれて足萎えになることが多いし、走り過ぎを妨げるため脚を縛りつけられたりもした。下界に放り出されて足を挫《くじ》いた鍛冶神へファイストスが連想されるが、鍛冶師はあの鍛冶神同様、何か不気味なまれびとと見なされていた。

悪魔に赤がお似合いなのは、地獄の劫火《こうか》が思い合わされるからだけれども、プルタルコス(『エジプト神イシスとオシリスの伝説について』30)によれば、エジプトで崖からロバを投げ落とすのは、赤ら顔で肌の色がロバに似た怪物テュフォンを冷やかすためで、赤毛の人間もロバに分類されて、ロバの祭儀の反対者たちから迫害されたことと符合する。昔々東方世界でロバの赤みが美の理想であったものが、何たる無常の風であることよ。

閑話休題。アラブの諺《ことわざ》では、野生ロバが鳴くのは、悪魔の叫びとされる。だがロバは悪魔除《よ》けでもあって、物騒なところへ行くときも、ロバを連れてゆけば悪魔も悪さはできない。ただロバ革のバグパイプは容易に悪魔が取り憑《つ》くから、奏者も悪魔憑きと見なされかねない。

そもそもロバ追いそのものが、ユダヤ教ではいかがわしいとされがちだったのは、モーセの禁制「すべて獣を犯す者は、必ず殺されなければならない」（出二二：一九）に見るように、獣姦《ソドミー》が厳禁されていたからである。となると、半人半馬《ケンタウロス》自体がご禁制破りの結果になるではないか。ひいてはラバ飼育さえユダヤ人に限り御法度《ごはっと》、王侯貴族が乗り回すのは、すべて外国から輸入したそれであった。

そして衰退は、古代末期から中世期を経てルネサンスにいたるや、いよいよ地獄への墜落となる。ダンテの『神曲』「地獄篇」第一二歌では、第七の圏谷《たに》に、暴君どもが血の川で熱湯責めにされているのを、弓矢のいでたちの半人半馬《ケンタウロス》らが、ケイロンを真中にして、見張りの役を科されているのだ。が、それなりに知徳いとたかきケイロンがここでも采配を振るもののごとく、地上からの迷い者ダンテを背負って煮えたぎる河岸を進むよう、不埒《ふらち》なるあのネッソスに命じたのも、この賢者であった。

救済史の中のロバ

悪魔と紙一重のところまで地獄堕ちの道行きを辿ったロバの文化史は、しかし一方では、救済史の中に確乎《かっこ》たる足場を失わなかった。ベツレヘムの秣《まぐさ》桶の中の幼児イエスをその息で温めたのはロバであったし、聖家族をエジプトへの逃避行で運んだのも、はたまたメシアがイェルサレムに入城するに際しこれを背に乗せて運んだのも、ロバだったのである。

いやそれどころではない。背峯《せみね》を中心に左右の前肢に向かって両翼をなす肩甲骨と、背峯が尻へと伸びてゆく背と、その十字交差がかたちづくる「肩十字《シュルタークロイツ》」を、いずれものロバがその固くて弾力的な皮膚の下に実は人目に立つほど刻印しているのであって、長い耳と「肩十字」の双方でロバの特徴ができていると言ってもいい。この力強い十字の上に世の重荷を担いゆくロバと同様、ロバにかしずかれた救世主もまた、世の罪の重荷を担い給うたのである。

ロバと同じように、主は己が肩に十字架を背負われてゴルゴタへと連れてゆかれた。そして、ロバが台架に吊されて皮剥《は》がれたように、メシアも十字架上でみまかったのである。

十字にせよ磔刑《たっけい》にせよ、ローマ人だけではなく、ロバを擁《よう》するありとあらゆる民族でも行われるところであって、メシアが予言につとに告知されていたとは何たる不思議であろう。「暗やみの中に歩んでいた民は大いなる光を見た。暗黒の地に住んでいた人々の上に光が照った。……ひとりのみどりごがわれわれのために生れた。……まつりごとはその肩にあり、その名は『……とこしえの父、平和の君』ととなえられる」（イザ九：二、六）。メシアがヤハヴェの息子としてはっきり言表されているわけであるが、そこではユダヤ民族が荷ロバに例えられていて、「これはあなたが彼らの負っているくびきと、その肩のつえと、しえたげる者のむちとを……折られたからだ」（イザ九

‥四）と、今や自由の身となるべきことが謳《うた》われている。

まさしくイエスはゴルゴタにて、ロバが打たれるごとくに鞭打たれた。「わが神《エリ》、わが神《エリ》、なんとて我を見捨て給いしか《レマーサバクタニ》」という大音声は、ユダヤ人の王《メシア》を救うべき神兵の到来を、人間イエスがいまわの際《きわ》まで確信していたということであるが、それもないまま徹底的な絶望のうちに息絶え給うた。

しかるに何ぞ計らん、三〇〇年の後には全ローマ世界が、濃淡さまざま十字架の影の下にあったのである。

現代文化の逆説

今日でも世に冠たるバグダード‐ロバを供するスレーブ族は、シリアからペルシア湾へ向けアラビア砂漠の奥地まで、メソポタミアの荒野をさまよう遊牧の民だけれども、周囲の好戦的なラクダ遊牧のベドウィンたちからはロバゆえに蔑まれつつ、その貧困無所有が逆に、彼らの安全と自由な漂泊を許してきた。

卑しいとされてきた革なめし屋にして砂漠の鋳掛《いかけ》屋、日傭《ひよう》労働の供給源として裏かたに徹する彼らは、見たところいわゆるジプシーのような存在なのだが、同時に万能の医師として病魔を祓《はら》ってくれるばかりか、魔法つかいでもあり、音楽や舞踏に秀でて、吟唱詩人がベドウィンどもを魅了する。

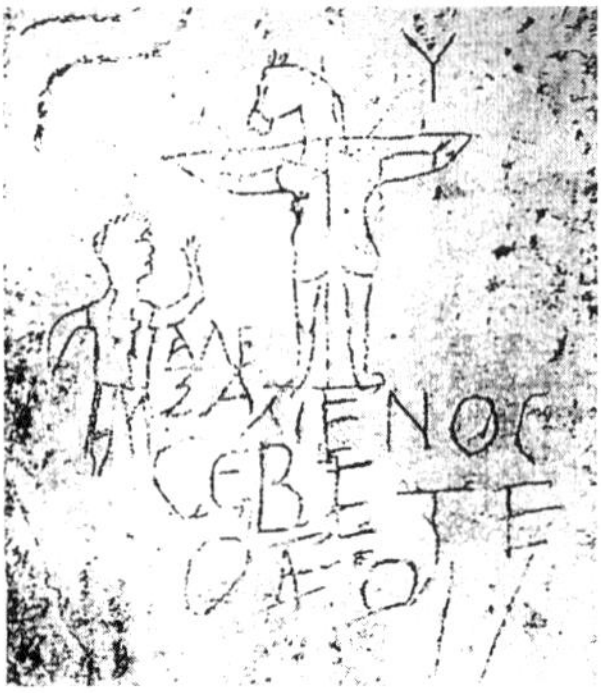

パラティヌスの丘の掻き絵

馬と戦争に彩られる歴史時代の彼方にこうした平和の所産があったことは、人類の生み出した一つの成果ではあって、いわばカインの末裔《まつえい》の現代における余韻《よいん》として幽《かす》かな反響《こだま》をとどめることには、並ならぬ意義が認められるのではないだろうか。

少しく迂路《うろ》を本質論へと戻したいが、『旧約聖書』『ゼカリヤ書』には、「見よ、あなたの王はあなたの所に来る。彼は義なる者であって勝利を得、柔和であって、ロバに乗る。すなわち、ロバの子である子馬に乗る。わたしはエフライムから戦車を断ち、エルサレムから軍馬を断つ。また、いくさ弓も断たれる。彼は国々の民に平和を告げ、その政治《まつりごと》は海から海に及び、大川から地の果《はて》にまで及ぶ」とある（九：九、一〇）。平和を象徴するロバを端的に示していると言えよう。

ローマのパラティヌスの丘に発見された古代末期の掻《か》き絵には、ロバの頭をした磔刑のイエスを前に、年端のいかぬ若者が崇拝の身振りをしているところが示されている。従来はこれを諷刺磔刑像と解してきたようであるが、添えられた碑銘「アレクサメノス、神を崇めまつる」の吟味から、フォーゲルは揶揄《やゆ》的な含意を否定する。すなわち徹底的な嘲弄《ちょうろう》の対象としてのイエスが、なおかつ、むしろそのゆえにロバ神として崇敬されていたという洞察である。

当否は措《お》くが、中世におけるロバもまた、たとえば、ニーチェの『ツァラトゥストラ』も伝える

「ろばの祭り」――馬鹿な道化坊主が一人選ばれてロバの前でミサの儀式を挙げる――におけるごとく、愚弄《ぐろう》の対象であったその一方で、勝《か》ち鬨《どき》高き平和の動物としての積極的な評価は消え去ることがなかったと言えはしないか。西欧中・近世美術におけるイエスの聖都《イエルサレム》入城の画幅では、群衆が勝利のシンボルである棕梠《しゅろ》の枝々を打ち振り迎え、ロバの背に面《おもて》を上げた主は、気高くも晴朗な情念を湛え、あるいは無垢なる視線がひたすらに前を見つめて、生命がけの真剣さが、悲劇的なまでの平和の希求であり決意であったことを、観る人に訴えかける。

　キリスト教とロバとの宿縁は、カトリック教会からむしろはみ出した部分にも見出される。キリスト教中世最大の異端運動と言えば、いわゆるカタリ派であろう。成功した唯一の十字軍と茶化されるあのアルビジョワ十字軍を招き寄せた運動にほかならないが、南仏で政治の渦に巻きこまれ、フランス王権がトゥルーズ伯やアラゴン勢を閉め出してラングドック一帯を併合するのに利用された。

　この異端運動の担い手が、移牧の羊飼いと言われつつも手工業・商取引をも営むといったあり方において、実はケニ人、馬人《ケンタウロス》の末裔と、同じ流れを汲むものではなかったかという、看過し得ぬ問題があるのである。

　この連中は、もともとビザンツ帝国内（ブルガリア）のキリスト教分派運動の二元論的異端であって、「神に愛されし人《ボゴミール》」と称されたが、南東欧のバルカンから流れ流れて、主にイタリアから到来した。ヨーロッパをさすらうこれらの群が、織工や鍛冶師など遍歴職人として西方に姿を現したのは、東方での荷ロバ追いのあり方を連想させるものがあるのであって、フォーゲルはそこにロバ人の古い痕跡を嗅《か》ぎあてようとする（事実、異端の足跡は小アジア方向にも辿られて、かつてフリュギアが位置した地域もその圏内に入るのであるが）。

この世をサタンの支配下にあるとして、秘蹟を無用視し、解放者なる純粋霊キリストの身体《からだ》さえ幻に過ぎぬとする、それら極端な禁欲主義者――言ってみれば、絶望の積極的な実践者――が、徹底した現世否定のうちに「純粋者たち《カタリ》」とギリシア語で呼ばれたというのは、俗耳に入り易い説明には違いないが、フォーゲルの言う通り、そのわかり易さを彼らが宗教宣伝の具として利用していた節もあろう。

フォーゲルはむしろ、セム語根 q-d̠-r から「カタリ」の語源を手繰り寄せる可能性を問うており、アラビア語の gad̠ar などが「不実・不純」を意味しつつ、エジプトでの方言的な用例ではラクダを指示することもあるのに注目する。より古い基層にはロバの飼育があることを、彼は推測するのだ。

論証とは言い難いが、彼が思い描くのは、かかる社会集団がロバやラバを引き連れ、純粋のキリスト者として貧困無所有に徹しつつ――同時に結婚を否定するから、性道徳的に実は放縦と人目に映じつつ――ジプシーのように漂泊しながら、社会各層を吸収してゆく図なのではないだろうか。

宗教史家ショーレム（一八九七―一九八二）に言わせれば、この連中こそは、ラテン、ビザンツ、イスラム、ユダヤという四つの精神伝統と並んで――グノーシスとか、マニ教とかと言うのでは足りない――第五の暗い底流をかたちづくるものであった。

ひととき反抗的な南仏の貴族たちに支援されたりしつつも、少なくとも本質的に彼らは平和勢力だったとすべきであろう。しかして北イタリアからプロヴァンス、ラングドック、カタロニアへと及ぶ彼らの職能ネットワークは、やがてトルバドゥール（吟遊詩人）に代表される、南欧の豊潤なる精神文化を普《あまね》く花開かせることとなったのである。

一二四四年、ピレネーの峻《しゅん》嶮《けん》なるモンセギュールの孤塁を陥《おと》された後、彼らは歴史の表舞台からは退く。しかし不可知の底辺で、カタリ派の残響は、時空を超えてスレーブらケニ人の末裔とも幽かに共鳴し合うものがあるのだ。

もはや条理を絶する地平なのかもしれないけれども、戦争と平和を軸とするロバの波瀾万丈から透かし見られるミダースの物語は、その裾野の広さ、また底知れぬ奥深さに、あらためて我々の目を瞠《みは》らせるのである。

さて、ロバの耳を付けられたミダース王とは、歪《ゆが》められた「他者」という鏡――裏返しの「うぬぼれ鏡」――に映し出されたヨーロッパの自己像にほかならなかったが、今や我々のミダースでもあるからには、我々自身をも映し出す鑑戒《かんかい》とすべきではないのだろうか。

とまれ二一世紀という新たなミレニアムに際会した我々にとり、近代なるものが、今や地球規模で行き詰まりを露呈している。ポリス社会のあと、ばらばらの個人があてどなくさまよう境位にあったのがヘレニズムであったとすれば、我々の現代もまた、ある意味ではヘレニズムまがいなのではないか。

こうした感懐を禁じ得ないのは著者だけではないと思うが、近代的合理《さかしら》の行き着いた涯《は》てのこの奈落は、すると、いわゆる「古代末期」になぞらえれば、ポスト－モダンならぬまさしく「近代末期」の現象として、あらためて検討に委ねられてもよいであろう。古代フリュギアから辿った史の辺境に我々が見つけ出す光景は、現代にいかなる逆説を告知してくれるのであろうか。

本書が現代へのそのような視角において一石を投ずることができるとするなら、著者にとっても望外の幸せであることは申すまでもない。

あとがき

金羊の裘《クリューセイオン・コアース》ならぬ、ミダースのロバの耳をめぐって未知の海をさまよった我々のアルゴー号は、はたしてアトランティスのせめてもの影を捉え得たか。

『アルゴー号冒険譚《たん》』で冒険の目ざした先は、黒海の涯《は》て、コルキスのアイアである。話の筋は、遠征隊を率いてきたイアソンにコルキスの王女メデイアが恋に落ち、父王を裏切って金羊裘《きんようきゅう》の奪取に手を貸した末、恋人の国テッサリアへと手を携えて苦難の大航海を乗り切ったものの、愛する人の裏切りに、凄絶な復讐をもって応えるというものであった。

ヘレニズム期の学匠詩人アポロニオス＝ロディオス（前二九五頃―？）に依拠して伝えられたおなじみの話であるが、アイアがコルキスであるとする設定が最初からあったわけではない。むしろアイアとは空想的なお伽《とぎ》の国で、イオニア人の海上発展が前九―前八世紀、コーカサスの岸辺へと打ち寄せるに及んで、コルキスがイアソンとメデイアの愛憎劇の舞台とされたのではないか。金羊裘の物語は、畢竟《ひっきょう》、アイアなる夢の無何有郷《ユートピア》への憧憬《しょうけい》の旅として、神秘の極洋《オケアノス》をめぐり、謎めいたミダースの物語とも海底で鳴動し合う、不思議な航跡を残していたのであった。

本書の執筆につきお話をいただいた当初、フリュギアの王様にまつわる思案から自ずと連想されたのは、黒海の岸を東にコーカサスまで辿《たど》った、コルキスを中心とする金羊裘の物語であった。近時提唱されてきた黒海沿岸文明圏を基軸として、考察を展開してみてはという着想である。コーカサスの地（グルジア）には、実は古来「イベリア」なる別名があって、西のイベリアとの間に、バスクとの言語上あるいは神話伝承の上での看過し難い符合の徴表が認められ、視圏を地中海一円に拡大する可能性も予想された。

ただし大議論にさえ踏みこみかねないそのような烏滸《おこ》の沙汰《さた》は、早々に放棄された。ミダース王の主題だけでも、菲才《ひさい》の手に余ることはたちまちにして実感されたし、水平的な拡延よりも、むしろ一つの焦点から内的位層を垂直に掘り下げることで、根源的世界の一端にもせよ触れることの方に、神話研究の妙味はあるのではないかと気づかされたゆえである。

ただそのミダース説話を現代に伝えてくれるのが、伝承の取捨にシビアなアポロドロスではなく、ヘレニズムの風潮をもろに反映したオヴィディウスの『転形譚《メタモルフォーセス》』であったことが、本書の叙述をもかなり規定するところとなったのは事実であって、オヴィディウスにならい、あるいはさらに輪をかけるかたちで、できるだけ肩の凝《こ》らぬ読みもの風にすることを心がけた。それにしては小むずかしい推理や余計な道草に足をとられたりして、思惑通りにはすすまなかったのであるが。

潔癖に選り好みせず、不純な伝承をも鷹揚《おうよう》に抱えこんで、玉石混淆《こんこう》のままギリシア・ローマの神話を幅広く今日に伝えてくれるオヴィディウスは、古代の神話・文学の現代への放水路であり、その大きな網ゆえにミダースの物語を捉え得たことは、人類の果報とすべきであろう。

凡例めいたことで二言三言。本書は、前段を全体の導入部として僭主《せんしゅ》の時代なる舞台設定を試みた上、これを本論たる後段へとつなぎ、より大いなる文脈に据《す》えなおして展開するというかたちとなった。前段と後段で後者に比重がかかり過ぎ、均衡を失したとする批判は甘受しよう。紙幅の都合上、註記はなるべく割愛し本文中に包みこむよう工夫したが、当然限界はある。出典の表示も、簡略を旨とした。依拠した諸書の著者、訳者には深甚なる謝意を表するものである。

念のため、依拠した著者につき一、二付言すれば、まず本書の前段「黄金のミダース」に関し、「悔悛」の主題をめぐる考察で取り上げたヒルデブレヒト＝ホンメル博士は、キリスト教学にも造詣深い古典学者で、父君はオリエント学の大御所フリッツ＝ホンメル。著者もかつてテュービンゲンでのホンメル二世の講筵《こうえん》の端に列なった思い出があるが、わが国にはほとんど紹介されていない模様である。

それから後段の「王様の耳はロバの耳」に関しては、音楽学という、いささかお門違いとも見える分野の碩学《せきがく》、マルティン＝フォーゲル教授――著者の在独中ボンでの研究仲間だったらしいが面識を得なかった――、この人の野心的な労作に多くを負うこととなった。ロバ飼育文化圏という座標軸があって、ミダース説話が、まことに幅広く奥深い背景の上で際立たされていたからである。

ちなみにフォーゲルは自著につき、ニーチェの名著『音楽の精神からの悲劇の誕生』をもじれば、『ロバ飼育の精神からの音楽の誕生』として読まれかねないと予測する。苦笑まじりの口吻《こうふん》は、教授自身、自らの立場をそのまままもろに押し通そうとするつもりではないことを物語る。その主張するところはどこまでも仮説であって、俗流語源解とされかねぬ——ここのみは専門家が手を出そうとせぬ——死角をも敬遠しなかったのは、基本的に印欧語学でしかない比較言語学の枠をあえて越境しようとしたからである。言《ダーバル》と事《ダーバル》の両面からの肉迫と言うべきか。そのためには、セム系をはじめ別系統との諸語系横断的な推断をも厭《いと》わない。最終的判断は、読者に委ねられていると言えよう。そしてこの立場はまた、本書の著者のそれでもあるのだ。

本書は畏友《いゆう》中野幸次氏の遺影に供えることとしたい。十有幾年を遡る頃であろうか。唐突としか言いようのないかたちでこの企画を御提案下さり、固辞する著者にほとんど有無を言わさぬ恰好《かっこう》での御督励と御鞭撻は、ともすれば怠りがちの友を追いつめて、おそくとも二〇世紀中にといったデッドラインまでを駄目押しされるにいたった。辛うじてこの厳命だけは守って、ひとまず素稿は御嘉納いただき、具体化の軌道に乗せるところまできたのだけれども、程なく、忘れもしない二〇〇〇年二月初め、氏自身が幽明界《さかい》を異《こと》にされたのであった。しかも謎を秘めた終焉で。名状しがたい憶《おも》いは今なお消えることがない。

この混乱のゆえであろうか。作品それ自体は上梓のとば口に立たされたまま、いわば長い冬眠に入って、ほぼ十年一昔を経過しようとしていた。眠り姫が目を覚ますのは、思い設けぬ不思議の国の王子様の接吻《くちづけ》あってのことにほかならない。このたび舞踊劇《バレエ》の王子役をあえておっとめいただいた編集部長渡部哲治様をはじめ、御担当の山原志麻様など清水書院の皆様には何と御礼申し上げればいいのであろうか。御見識への満腔の敬意と御配慮、御尽力への衷心よりの感謝を表するものである。

下村寅太郎教授に師事した異色の文人哲学者なる中野幸次氏の俤《おもかげ》が、今あらためて蘇る思いがあるが、天界よりある安堵とともに見守って下さっていることであろう。『人間牧場』の夢を紡ぎつづけたこの善き魂の、もって冥されんことを。

二〇一〇年　立秋

著者識

ミダース王関連年表

1700
1800
1900
B.C.2000
ギリシア
ミ　ノ　ア　文　明
小アジア
シリア
フ　ェ　ニ　キ　ア
キ　ュ　プ　ロ　ス
(エジプト
支配)
北メソポタミア
古アッシリア時代
(フルリ人
支配)
南メソポタミア
バビロニア王国
(古バビロニア時代)
ウル第3王朝
パレスティナ
族　長　時　代
エジプト
第2中間期
中　王　国

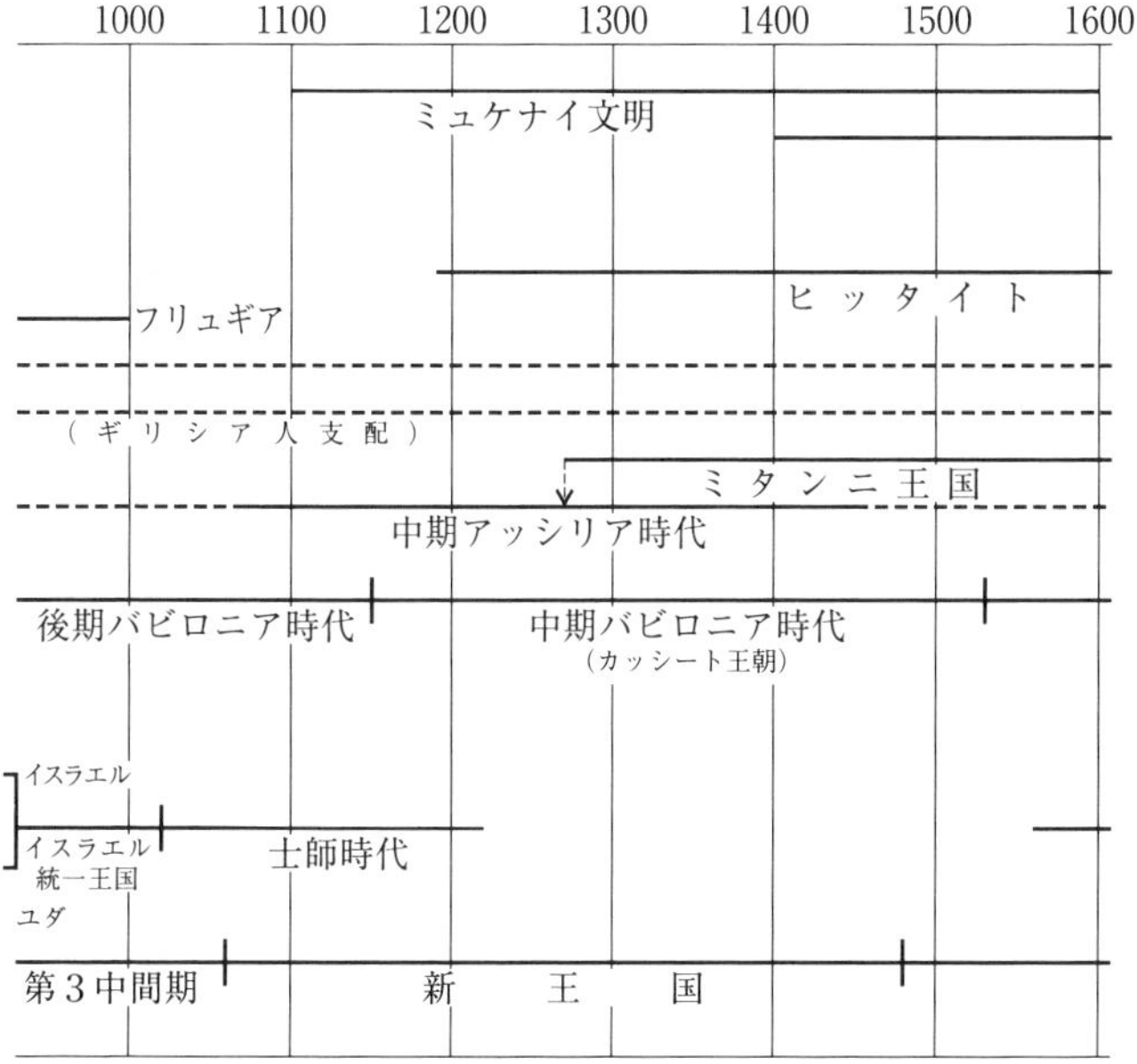

ラムセス二世、ヘブライ人奴隷を使役

モーセ、エジプトから脱出

トロイア戦争（前一二〇〇頃）

サウル、イスラエル初代の王に

ダビデ、ユダ・イスラエル統一王国建設

ソロモン、イェルサレム神殿建立

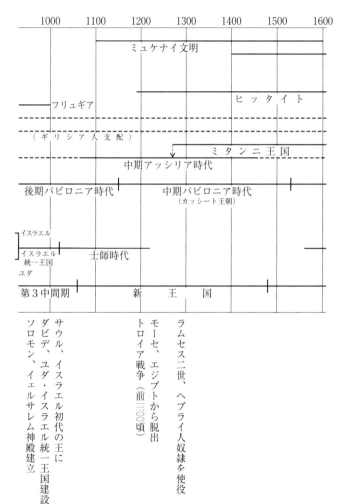

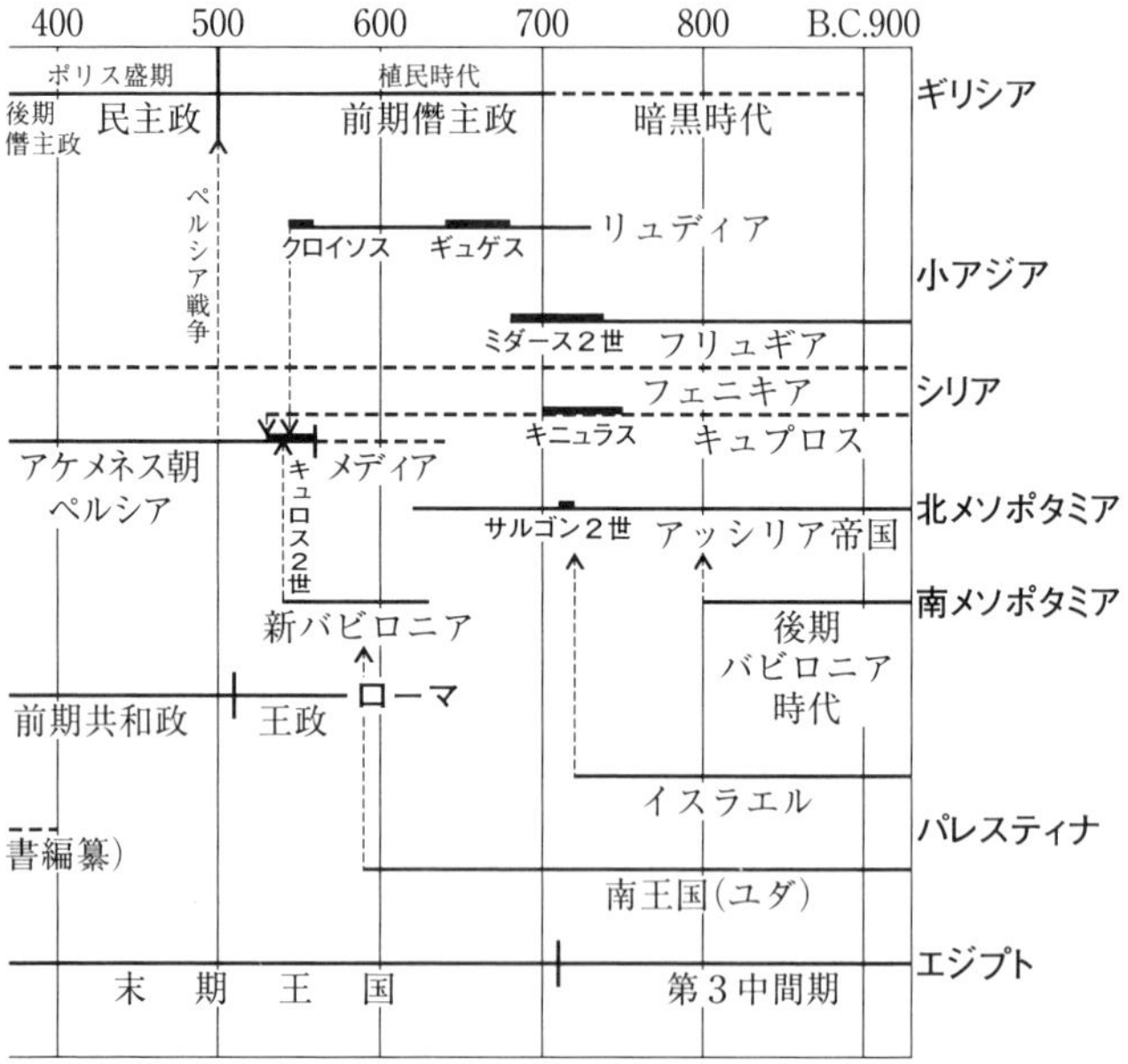

ホメロス『イリアス』『オデュッセイア』

フリュギア、キンメリア人によって滅びる(前六七六頃)

ペルシア戦争(前五〇〇—前四四九)

ヘロドトス『歴史』

ペロポンネソス戦争(前四三一—前四〇四)

ツキュディデス『戦史』

アリストファネス『福の神』

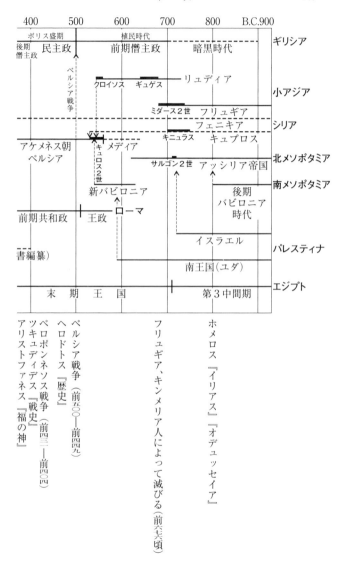

300
200
100
AD.1
B.C.1
100
200
300
マケドニア
ヘ レ ニ ズ ム
カルタゴ
セレウコス朝シリア
ササン朝
ペルシア
パ ル テ ィ ア
帝政前期（元首政）
後期共和政
（地中海世界制覇）
（キリスト教）
イエス
パウロ
（このころ旧約聖
ロ ー マ 支 配
プトレマイオス朝
アリストテレス『エウデモス』
アポロニオス-ロディオス『アルゴー号冒険譚』
アポロドロス『文庫』（編纂は後代）
ストラボン『世界地誌』
オウィディウス『転形譚』
『エリュトラー海案内記』
ローマ軍、イェルサレム神殿破壊
パウサニアス『ギリシア案内記』

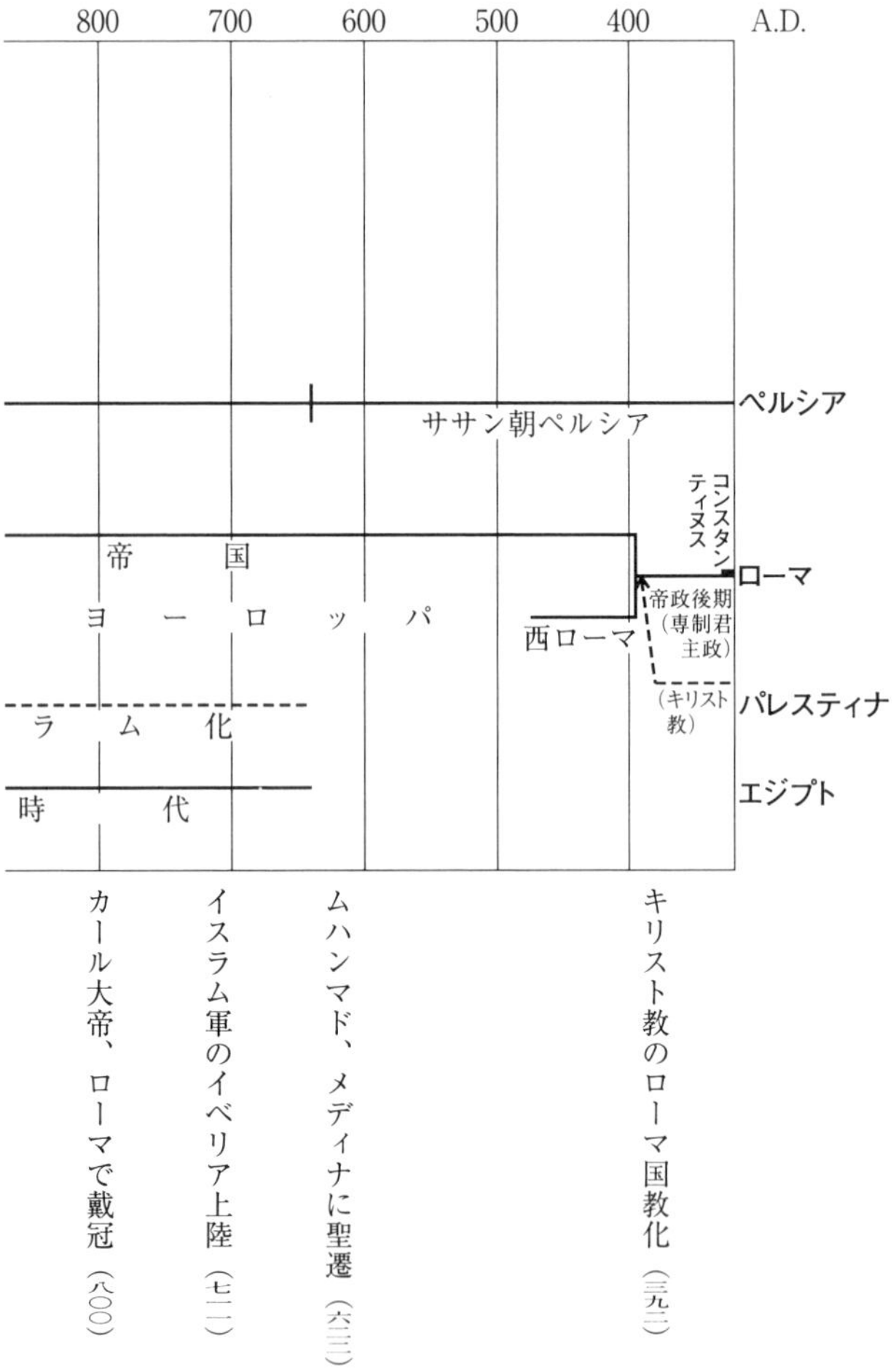
800
700
600
500
400
A.D.
ペルシア
ササン朝ペルシア
コンスタンティヌス
ローマ
帝国
ヨーロッパ
西ローマ
帝政後期（専制君主政）
パレスティナ
（キリスト教）
ラム化
エジプト
時代
カール大帝、ローマで戴冠（八〇〇）
イスラム軍のイベリア上陸（七一一）
ムハンマド、メディナに聖遷（六二二）
キリスト教のローマ国教化（三九二）

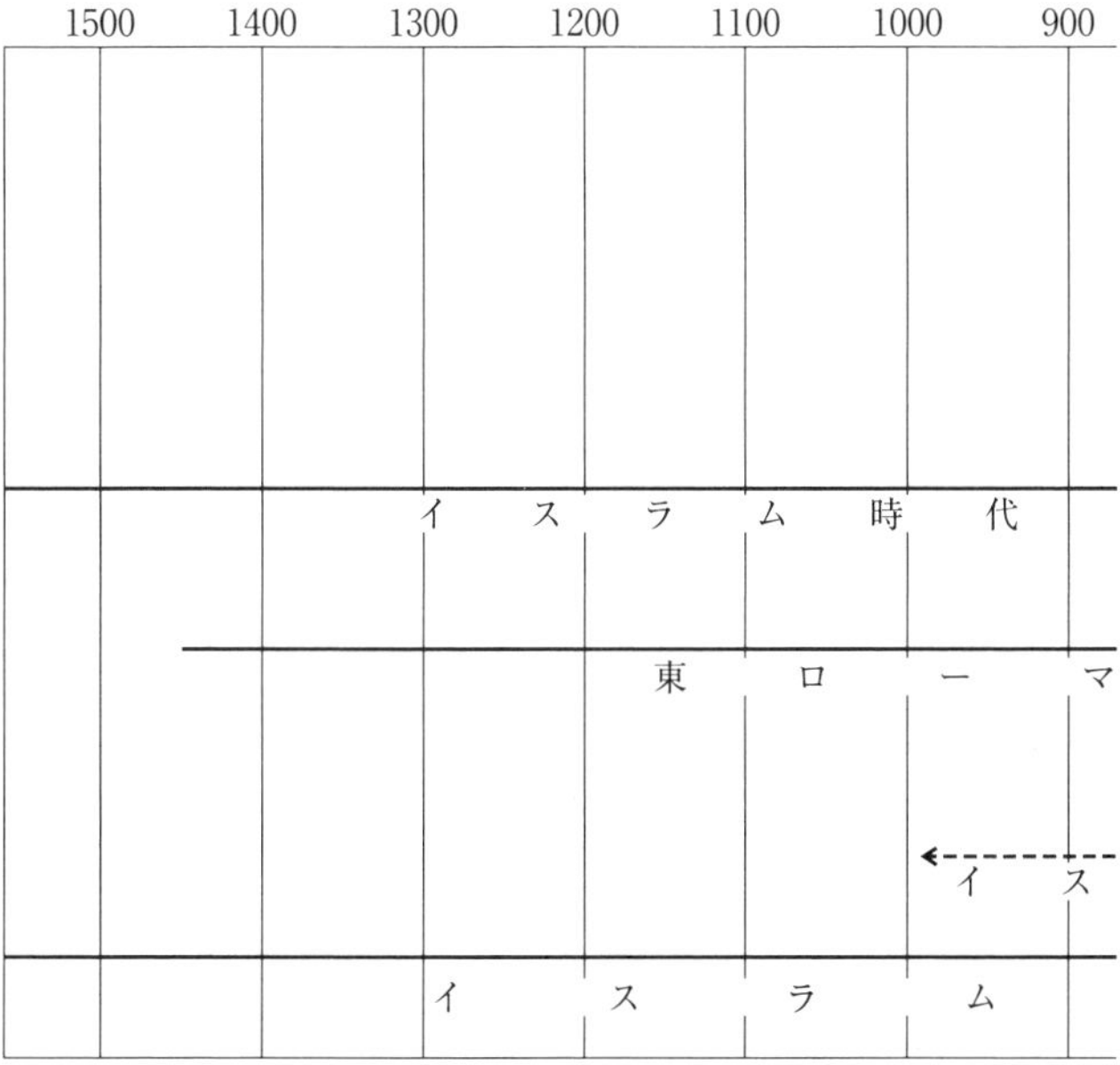

第四回十字軍コンスタンティノープル劫掠（一二〇四）
アルビジョワ十字軍（一二〇九―二九）
ダンテ『神曲』
マキァヴェッリ『君主論』

参考文献

参考文献は、ミダース関係文献を網羅したものではない。著者の利用し得た限りの文献を基本とする。ただいくつか参看し得なかったものも混じるのは、間接的な論拠を増したかったからである。諒とされたい。

洋書

Aarne, Antti and Stith Thompson, *The Types of the folktale, A classification and bibliography*, Helsinki, 1961.

Adolf, Helen, "The Ass and the Harp", in: *Speculum* 25, 1950.

Albright, W.F., *Die Religion Israels im Lichte der archäologischen Ausgrabungen*, München u. Basel, 1956.

——, *Yahweh and the Gods of Canaan : An Historical Analysis of Two Contrasting Faiths*, Leiden, 1968.

Barnett, R.D., *Phrygia and the Peoples of Anatolia in the Iron Age*, 1966.

Binswanger, Hans Christoph, *Geld und Magie : Deutung und Kritik der modernen Wirtschaft anhand von Goethes Faust*, Stuttgart-Wien, 1985.（清水健次訳『金《かね》と魔術——「ファウスト」と近代経済——』法政大学出版局　一九九二）

Bloch, Marc, *Les Rois thaumaturges. Étude sur le caractère surnaturel attribué à la puissance royale particulièrement en France et en Angleterre*, Armand Colin, 1961.（井上泰男・渡辺昌美訳『王の奇跡』刀水書房　一九九八）

Boardman, John, *The Greeks Overseas : Their early Colonies and Trade*, London, 1980.

Bolte, Johannes and Georg Polivka, *Anmerkungen zu den Kinder-u. Hausmärchen der Brüder Grimm*, 4. Bde., Hildesheim-New York, 1982.

Bozoky, Edina, "Les cathares comme étrangers : Origines, contacts, exil", dans : *L'étrangers : au Moyen Âge*, XXXe Congrès de la S. H. M. E. S. Göttingen, juin 1999 , Publication de la Sorbonne, 2000.

Brandwood, L.(ed.), *Word Index to Plato*, Leeds, 1976.

Brekilien, Yann, *La Mythologie Celtique*, Éditions Jean Picollec, 1993.（田中仁彦・山邑久仁子訳『ケルト神話の世界』中央公論社　一九九八）

Burkert, Walter, *Homo Necans : Interpretationen altgriechischer Opferriten und Mythen*, Berlin-New York, 1997.（前野佳彦訳『ホモ・ネカーンス――古代ギリシアの犠牲儀礼と神話』法政大学出版局　二〇〇八）

Baroja, Julio Caro, *El Carnaval : Análisis histórico-cultural*, Madrid, 1965.（佐々木孝訳『カーニバル――その歴史的・文化的考察――』法政大学出版局　一九八七）

Cassirer, Ernst, *The Myth of the State*, Yale University Press, New York, 1946.（宮田光雄訳『国家の神話』創文社　一九六〇）

Casson, Stanley, *Ancient Cyprus, its Art and Archaeology*, London, 1976.

Cornford, F. M., *From Religion to Philosophy:A Study in the Origins of Western Speculation*, Cambridge, 1912.（廣川洋一訳『宗教から哲学へ』東海大学出版会　一九六六）

Crooke, W., "King Midas and his Ass's Ears", in : *Folklore* 22, 1911.

Détienne, Marcel, *L'invention de la Mythologie*, Gallimard, 1981.
Douglas, Mary (gen.ed.), *The Illustrated GOLDEN BOUGH by Sir James George Frazer*, 1978.（内田昭一郎・吉岡晶子訳『図説　金枝篇』東京書籍　一九九四）
Dumézil, Georges, *Le problème des Centaures, Étude de Mythologie comparée indo-européenne*, Paris, 1929.
——, *L'idéologie Tripartie des Indo-européens*, Bruxelles, 1958.（松村一男訳『神々の構造——印欧語族三区分イデオロギー——』国文社　一九八七）
Eliade, Mircea, *Histoire des croyances et des idées religieuses*, 2 : *De l'âge de la pierre aux mystères d'Eleusis*, Paris, 1978.（松村一男訳『世界宗教史』2「石器時代からエレウシスの密儀まで」下　ちくま学芸文庫　二〇〇〇）
——, ibid. 6 : *De Mahomet à l'âge des Réformes*（鶴岡賀雄訳　同上6「ムハンマドから宗教改革の時代まで」下　ちくま学芸文庫　二〇〇〇）
Fontana, Josep, *Europa ante el espejo*, Barcelona, 1994.（立石博高、花方寿行訳『鏡のなかのヨーロッパ——歪められた過去——』平凡社　二〇〇〇）
Frécaut, Jean-Marc, *Le barbier de Midas ou Le vent instrumentaliste* : *Ovide, Métamorphoses*, XI. *180-193*, en Hommage Bardon II, 1987.
Gould, John, "On making sense of Greek religion", in : P. E. Easterling and J. V. Muir (eds.), *Greek Religion and Society*, Cambridge etc., 1985.（葛西康徳訳「ギリシア宗教の意味をつかむことについて」『思想』一九九九年七月号　岩波書店　所収）
Harrison, J. E., *Prolegomena to the study of Greek Religion*, Cambridge, 1903 (1922).

Hommel, Hildebrecht, "Antike Bußformulare, Eine religionsgeschichtliche Interpretation des ovidischen Midas Erzählung", in : *Sebasmata*, Bd. I ., Tübingen, 1983.

——, "Mythos und Logos", in : *Sebasmata*, Bd. I ., Tübingen, 1983.

Jungmann, Josef A., *Liturgie der christlichen Frühzeit bis auf Gregor den Großen*, Freiburg, 1967.（石井祥裕訳『古代キリスト教典礼史』平凡社　一九九七）

Lane, Edward William, *An Account of the Manners and Customs of the Modern Egyptians*, London, 1842.

——, *An Arabic-English Dictionary*, London, 1863 ff.

Lehmann-Nitsche, Robert, "König Midas hat Eselsohren: Ein kostümgeschichtlicher Erklärungsversuch", in : *Zeitschrift für Ethnologie* 68, 1936.

Lévêque, Pierre, *La naissance de la Grèce*, 1990.（青柳正規監修、田辺希久子訳『ギリシア文明　神話から都市国家へ』創元社　一九九三）

——, *L'Aventure grecque*, Paris, 1964.

Luck, G., "König Midas und die orphische Mysterien", in : *Hommage à Renard*, XI., 1969.

Milin, Gaël, *Le Roi Marc aux oreilles de Cheval*, Genève, 1991.

Mossé, C., *La Tyrannie dans la Grèce antique*, Presses Univ. de France, 1969.

Mowinckel, Sigmund, *The Two Sources of the Predenteronomic Primeval History*,（JE）in Gen, 1-11, Oslo, 1937.

Nelli, René, *La philosophie du Catharisme*, 1975.（柴田和雄訳『異端カタリ派の哲学』法政大学出版局　一九九六）

Nilsson, M. P., *A History of Greek Religion*, transl. from the Swedish by F.J.Fielden, 2nd Ed. revised, Oxford,

1952.（小山宙丸・丸野稔・兼利琢也訳『ギリシア宗教史』創文社　一九九二）
——, *Griechische Feste von religiöser Bedeutung mit Ausschluß der Attischen*, 1906, 2. Aufl., 1957.
Ortega y Gasset, José, *Las Atlántidas*, Madrid, 1924.（拙訳「楽土論」『反文明的考察』東海大学出版会　一九七八　所収）
——, *Sobre la caza, los toros y el Toreo*, 1960.（拙訳『狩猟の哲学』吉夏社　二〇〇一）
Otto, Walter F., *Die Musen und der göttliche Ursprung des Singens und Sagens*, Düsseldorf, 1954.（拙訳『ミューズ——舞踏と神話——』論創社　一九九八）
——, *Dionysos, Mythos und Kultus*, Frankfurt a. M., 1933.（拙訳『ディオニューソス——神話と祭儀——』論創社　一九九七）
Ovid, *Metamorphoses*, XI., ed. with introduction and commentary by G.M.H.Murphy, Bristol Classical Press, 1991 (reprint 1994).
P. Ovidius Naso, *Metamorphosen, Kommentar von Franz Böhmer*, Buch X.-XI., 1980.
Radermacher, Ludwig, *Mythos und Sage bei den Griechen*, Brünn-München-Wien, 1938.
Roller, Lynn E., “Midas and the Gordian Knot”, in : *Classical Antiquity*, III., 1984.
Scholem, G., *Ursprung und Anfänge der Kabbala*, Berlin, 1962.
Scobie, Alex, “Some Folktales in Graeco-Roman and Far Eastern Sources”, in : *Philologus* c XXI., 1977.
Simoons, Frederick J., *Eat not this Flesh : Food Avoidances from Prehistory to the Present*, University of Wisconsin Press, 1994.（山内昶監訳『肉食タブーの世界史』法政大学出版局　二〇〇一）
Ure, P. N., *The Origin of Tyranny*, New York, 1962.

Vogel, Martin, *Chiron, der Kentaur mit der Kithara*, Bde. I. u. II., Bonn-Bad Godesberg, 1978.
——, *Onos Lyras, der Esel mit der Leier*, Bde. I. u. II., Düsseldorf, 1973.
West, M. L., *Ancient Greek Music*, Oxford, 1992.
White, David Gordon, *Myths of the Dog-man*, Chicago, 1991.（金利光訳『犬人怪物の神話――西欧、インド、中国文化圏におけるドッグマン伝承――』工作舎　二〇〇一）
ほか
Ziegler, K. u. W. Sontheimer (eds.), *Der Kleine Pauly, Lexikon der Antike* 5 Bde., München, 1979.
Dictionnaire des Lettres Françaises, sous la direction du Cardinal Georges Grente édition Fayard, 1964.

和書

浅田彰『ヘルメスの音楽』筑摩書房　一九八五
五十嵐一『イスラーム・ルネサンス』勁草書房　一九八六
伊藤進『森と悪魔　中世ルネサンスの闇の系譜学』岩波書店　二〇〇二
今道友信編『精神と音楽の交響　西洋音楽美学の流れ』音楽之友社　一九九七
井本英一「獣皮の禁忌」（『オリエント』第31巻2号　日本オリエント学会　一九八八　所収）
太田秀通『ギリシアとオリエント』東京新聞出版局　一九八二
大貫隆『グノーシス考』岩波書店　二〇〇〇
大林太良・吉田敦彦『世界の神話をどう読むか』青土社　一九九八
小川英雄『古代オリエントの宗教』エルサレム文庫2　エルサレム宗教文化研究所　一九八五

小沢俊夫編『世界の民話6　イギリス』ぎょうせい　一九七八
――『世界の民話2　南欧』ぎょうせい　一九七七
川島重成「パイドンにおけるソクラテス像――言論と言論を越えるもの――」(『西洋古典文学における内在と超越――ホメロスからパウロまで――』新地書房　一九八六　所収)
河島英昭「民話における《愛》の要素――カルヴィーノとイタリアの民話――」(『ユリイカ』一九八六年七月号「民話の誕生――物語の根源を求めて――」青土社　所収)
楠見千鶴子『パン・フルートの森――わたしのギリシア神話――』音楽之友社　一九八三
久保正彰「ツキジデス『戦史』における叙述技法の諸相」(『ギリシァ・ラテン文学研究――叙述技法を中心に――』岩波書店　一九九二　所収)
呉茂一『ギリシア神話』新潮社　一九六九
郡司すみ『世界楽器入門――好きな音　嫌いな音』朝日選書　一九八九
高津春繁『ギリシア神話』岩波新書　一九六五
紺谷亮一「黒海沿岸文明圏の提唱」(『史境』38・39　一九九三年三月　歴史人類学会　所収)
桜井万里子『古代ギリシア社会史研究』岩波書店　一九九六
佐々木理『ギリシャ神話と古典文学』伊藤書店　一九四四
――『ギリシア・ローマ神話』講談社学術文庫　一九九二
定方晟『インド性愛文化論』春秋社　一九九二
杉勇『中洋の歴史と文化』筑摩書房　一九九一
鈴木晶『グリム童話』講談社現代新書　一九九一

ユーリー＝ストヤノフ著、三浦清美訳『ヨーロッパ異端の源流』平凡社　二〇〇一
レナル＝ソレル著、脇本由佳訳『オルフェウス教』白水社　二〇〇三
高木敏雄『日本神話伝説の研究』1　東洋文庫　平凡社　一九七三
立川昭二『古代鉱業史研究』東京創元社　一九五六
田中美知太郎『ツキュディデスの場合』筑摩書房　一九七〇
谷川渥『鏡と皮膚』ちくま学芸文庫　二〇〇一
ジョルジュ＝デュメジル著、中村忠男訳「ミトラ＝ヴァルナ」（丸山静・前田耕作編『デュメジル・コレクション』1　筑摩書房　二〇〇一　所収）
西澤龍生「ヘーロドトスにおける歴史眼」および「結びにかえて――西方楽土《ヘスペリデスのその》より東陸辺土《カフカスのはて》まで――」（拙著『史の辺境にむけて――逆光のヨーロッパ――』未来社　一九八六　所収）
藤縄謙三『ギリシア神話の世界観』新潮社　一九七一
――『歴史の父ヘロドトス』新潮社　一九八九
藤野明『銅の文化史』新潮社　一九九一
ジュラ＝ヘレンバルト著、西澤龍生訳『ブダペストのミダース王』論創社　二〇一〇
前田徹ほか『歴史学の現在　古代オリエント』山川出版社　二〇〇〇
増田精一『日本馬事文化の源流』芙蓉書房出版　一九九六
松村一男『神話学講義』角川書店　一九九九
松村武雄『希臘神話の新検討』培風館　一九五三
三浦アンナ『白馬に乗れるロゴス』新教出版社　一九五七

――「ヨハネ――ロゴスの生誕――」(『イエスの幼年時代』新教出版社　一九五八　所収)
村治能就『摂理と運命と自由意志』東海大学出版会　一九七三
本村凌二『馬の世界史』講談社現代新書　二〇〇一
山口昌男「失われた世界の復権」(『人類学的思考』せりか書房　一九七一　所収)
吉田敦彦「デュメジルの三機能説とヨーロッパの神話的世界」(『縄文の神話』青土社　一九九七　所収)

〈古典の邦訳〉

岩波文庫
アポロドーロス『ギリシヤ神話』高津春繁訳　一九五三
アッリアノス『アレクサンドロス大王東征記』上・下　大牟田章訳　二〇〇一
オウィディウス『変身物語』上・下　中村善也訳　一九八一／一九八四
クセノポン『アナバシス』松平千秋訳　一九九三
トゥーキュディデース『戦史』上・中・下　久保正彰訳　一九六六／六七
パウサニアス『ギリシア案内記』上・下　馬場恵二訳　一九九一／一九九二
プラトン『国家』上・下　藤沢令夫訳　一九七九
プラトン『パイドロス』藤沢令夫訳　一九六七
プラトン『パイドン』岩田靖夫訳　一九九八
プラトン『法律』上・下　森進一・池田美恵・加来彰俊訳　一九九三
プルタルコス『エジプト神イシスとオシリスの伝説について』柳沼重剛訳　一九九六

ヘシオドス『神統記』廣川洋一訳　一九八四
ヘロドトス『歴史』上・中・下　松平千秋訳　一九七一／七二
中公文庫
『エリュトゥラー海案内記』村川堅太郎訳注　一九九三
講談社文芸文庫
アポロニオス『アルゴナウティカ』岡道男訳　一九九七
ちくま文庫
プルタルコス『プルタルコス英雄伝』上・中・下　村川堅太郎編　一九八七
筑摩書房
アリストパネス「蛙」高津春繁訳、「福の神」村川堅太郎訳（『世界古典文学全集』12　一九六四　所収）
京都大学学術出版会
ウェルギリウス『アエネーイス』岡道男・高橋宏幸訳　二〇〇一
オウィディウス『悲しみの歌／黒海からの手紙』木村健治訳　一九九八
トゥキュディデス『歴史』1　藤縄謙三訳　二〇〇〇
ピンダロス『祝勝歌集／断片選』内田次信訳　二〇〇一
その他
アリストテレス「エウデモス（霊魂について）」（宮内璋・松本厚訳『断片集』より。『アリストテレス全集』17　岩波書店　一九七二／一九八九〔第3刷〕所収）
『ホメーロスの諸神讃歌』沓掛良彦訳註　平凡社　一九九〇

パウサニアス『ギリシア記』全二巻　飯尾都人訳編　龍渓書舎　一九九一
ストラボン『ギリシア・ローマ世界地誌』全二巻　飯尾都人訳　龍渓書舎　一九九四
ディオドロス『神代地誌』飯尾都人訳　龍渓書舎　一九九九
ダンテ『神曲』平川祐弘訳　河出書房新社　一九九二
マキァヴェッリ「君主論」池田廉訳（『マキァヴェッリ全集』1　筑摩書房　一九九八　所収）
『舊新訳聖書』日本聖書協会　一九八一
『旧約聖書外典』下　関根正雄編　講談社文芸文庫　一九九九

〈付録〉

マルティン＝フォーゲル全著作（二〇〇〇年まで）

マルティン＝フォーゲル（Martin Vogel, 一九二三―二〇〇七）は、ドイツのフランクフルト・アン・デア・オーデルの生まれ。一九四九年からボン大学で音楽学を Schmidt Görg に、哲学を Oscar Becker に学び、心理学も修める。一九五四年に哲学博士号、一九五九年にギリシアにおける異名同音性 (Enharmonik) をテーマとして大学教授資格を取得。一九六六年よりボン大学で特別研究員兼教授。

本書が主に依拠したフォーゲルの二大著は、同氏の学問体系において要《かなめ》の一つであると思われるが、もとより全体を覆うものではない。その星座の満天に占める位置を示すため、管見の及び得た二〇〇〇年までの全著作をここに別記しよう。

Die Zahl Sieben in der spekulativen Musiktheorie, 1955.
Die Intonation der Blechbläser, Neue Wege im Metallbrasinstrumentenbau, 1961.
Der Tristan-Akkord und die Krise der modernen Harmonielehre, 1962.
Die Enharmonik der Griechen, 1963.
　Ⅰ. *Tonsystem und Notation*
　Ⅱ. *Der Ursprung der Enharmonik*
Apollinisch und Dionysisch, Geschichte eines genialen Irrtums, 1966.

Die Zukunft der Musik, 1968.
Onos Lyras, der Esel mit der Leier, Bde. I. u. II., 1973.
Die Lehre von den Tonbeziehungen, 1975.
Chiron, der Kentaur mit der Kithara, Bde. I. u. II., 1978.
Musiktheater, Orpheus-Verlag, Bonn.
  I. *Die Krise des Theaters und ihre Überwindung*, 1980.
  II. *Lehrstücke*, 1981.
Anleitung zur harmonischen Analyse und zu reiner Intonation, 1984.
Schönberg und die Folgen, die Irrewege der Neuen Musik, 1984 u. 1997.
Nietzsche und Wagner, 1984.
Musiktheater
  III. *Vier weitere Lehrstücke*, 1985.
Die enharmonische Gitarre, 1986.
Musiktheater
  IV. *Mozarts Aufstieg und Fall*, 1987.
  V. *Stücke für Salzburg*, 1988.
  VI, VII. *Die Zauberflöte, zweiter Teil*, 1990.
Die Naturseptime, Ihre Geschichte und ihre Anwendung, 1991.
Musiktheater

Ⅷ. *Der Lehrstücke dritte Folge*, 1992.
On the Relation of Tone, 1993.
Musiktheater
Ⅸ. *Stücke für Weimar*, 1994.
Ⅹ. *Alceste, Wielands erste deutsche Oper*, 1995.
Ⅺ. *Cagliostro, Goethes Gross-Cophta*, 1995.
Heinrich G. Neuhaus, Exotische Früchte, Ihre Herkunft, Ihre Verwendung, 2. Aufl., 1995.（Neuhaus HG への寄稿）
Musiktheater
Ⅻ. *Lenz in Weimar*, 1996.
XIII. *Entführung bei Rheine*, 1996.
XIV. *Gozzi schreibt für die Ricci*, 1996.
XV. *Ein Theaterabend auf Schloß Ettersburg*, 1998.
Gorgo, Vom Urschrei zum Bardengesang, 2000.

【事　　項】

【書　名】

【地　　名】

さくいん

・【人　　名】は，神話における神名や怪物名などを含む。
・【地　　名】は民族名を含む。
・f は，次のページにも記載があることを示す。5 ページ以上つづけて記載がある場合は，～で示す。

【人　　名】

ミダース王《おう》■人と思想181　定価はカバーに表示

2010年10月20日　第1刷発行©
2016年9月25日　新装版第1刷発行©

・著　者 ……………………… 西澤《にしざわ》　龍生《りゅうせい》
・発行者 ……………………… 渡部　哲治
・印刷所 ……………………… 広研印刷株式会社
・発行所 ……………………… 株式会社　清水書院

〒102-0072　東京都千代田区飯田橋3-11-6
Tel・03(5213)7151～7
振替口座・00130-3-5283
http://www.shimizushoin.co.jp

検印省略
落丁本・乱丁本はおとりかえします。

CenturyBooks
Printed in Japan
ISBN978-4-389-42181-6

Century Books

清水書院の〝センチュリーブックス〟発刊のことば

近年の科学技術の発達は、まことに目覚ましいものがあります。月世界への旅行も、近い将来のこととして、夢ではなくなりました。しかし、一方、人間性は疎外され、文化も、商品化されようとしていることも、否定できません。

いま、人間性の回復をはかり、先人の遺した偉大な文化を継承して、高貴な精神の城を守り、明日への創造に資することは、今世紀に生きる私たちの、重大な責務であると信じます。

私たちがここに、「センチュリーブックス」を刊行いたしますのは、人間形成期にある学生・生徒の諸君、職場にある若い世代に精神の糧を提供し、この責任の一端を果たしたいためであります。

ここに読者諸氏の豊かな人間性を讃えつつご愛読を願います。

一九六七年

清水柳一

SHIMIZU SHOIN